MAX REGER 1873-1973
Ein Symposion

In Verbindung mit dem Max-Reger-Institut
(Elsa-Reger-Stiftung) Bonn-Bad Godesberg und
der Internationalen Orgelwoche Nürnberg

herausgegeben von

Klaus Röhring

BREITKOPF & HÄRTEL · WIESBADEN

1974

ISBN 3 7651 0082 X

© 1974 by Breitkopf & Härtel, Wiesbaden
Printed in Germany

Inhalt

KLAUS RÖHRING
Zum Geleit 1

HELMUT WIRTH
Der Einfluß von Johann Sebastian Bach auf
Max Regers Schaffen 3

WOLFGANG STOCKMEIER
Karl Straube als Reger-Interpret 21

WERNER WALCKER-MAYER
Die Orgel der Reger-Zeit 31

GERD SIEVERS
Die Harmonik im Werk Max Regers 55

REINHOLD BRINKMANN
Max Reger und die neue Musik 83

WALTER BLANKENBURG
Max Reger und das evangelische Kirchenlied 113

RUDOLF WALTER
Max Regers Beziehungen zur katholischen Kirchenmusik . . . 123

WOLF-EBERHARD VON LEWINSKI
Max Reger 1973 — Gedanken zum Reger-Symposion
in Nürnberg 149

Die Autoren 155

Veröffentlichungen des Max-Reger-Instituts
(Elsa-Reger-Stiftung) Bonn 159

Zum Geleit

„Das In-sich-beschlossen-Sein der Regerschen Musik hat eine weltweite Wirkung bisher verhindert" (Wilhelm Killmayer). Soll das nun nachgeholt werden, soll, weil es das Gedenkjahr so will, Regers überdimensionale Musik plötzlich auch überdimensionale Bedeutung erhalten? Zu mißtrauen ist einem Jubiläum immer, daß es der Kulturindustrie eine weitere Konsumware marktgerecht zubereitet und propagiert. In diesem Fall: mit Reger bei den Hörern ein neues musikalisches Bedürfnis zu erwecken, das beim romantischen Urmotiv besonders gut sich anhängen kann. Zumal heute modern ist, was man Reger einst vorwarf: Schwüles und Klangsumpf. Er, den Ernst Bloch einen „Variationskünstler" schimpft, ein „leeres, gefährliches Können", „die unbachischste aller nur denkbaren Erscheinungen", soll dieser „Akkordarbeiter" nun plötzlich „Wohlklang mit Widerhaken" produziert haben, dieses „tönende Dasein auf schwankendem Boden" (Killmayer)? Selten gehen die Meinungen so auseinander wie bei Reger. Nicht nur die Meinungen, auch die Gefühle. Dazu tritt dann noch kirchliches Besitzrecht. War er nun katholisch oder evangelisch, oder kündigt sich hier musikalisch eine Ökumene von unten an, weil die von oben nie kommt; wird hörbar, was die Kirche in ihrer institutionellen Gestalt bislang versäumte? Hier, wie anders sonst auch, zeigt Reger sich als nicht leicht faßbar, zumindest, was den offiziellen Betrieb anging und angeht. Reger setzt tatsächlich viele Widerhaken, macht es nicht leicht, ihn einzuordnen, ihn einzureihen zu besserem Gebrauch, stört die, die bereits auch ihn eingepaßt haben, fertig sind mit ihm, so oder so.

Das Reger-Symposion der Internationalen Orgelwoche Nürnberg hatte sich nicht zum Ziel gesetzt, solche Widerhaken hinwegzuinterpretieren, Reger für die Moderne gefügig zu machen, ihn auch als deren Ahnherrn zu zeigen oder gar ein Idealbild von ihm zu entwerfen. So groß die Gefahr einer schwärmerischen geistigen oder verwandtschaftlichen Nähe auch manchmal war: es wurde kritisch gefragt und analysiert und auch zuweilen kräftig entmythologisiert. Nicht wurde er dabei objektivistisch ins Bild der endgültig abgeschlossenen Vergangenheit gerückt. Wichtig war eben nicht nur, was Reger an und für sich bedeutet, sondern inwiefern er unsere Gegenwart mitbedeutet. Die einzelnen Beiträge zeigen vielleicht, daß das Große an einem Großen nicht seine postum geklebten Kulturlorbeeren sind, sondern die Widerhaken in sich selbst, die Ungereimtheiten, das, was nicht auf den alles deutenden Nenner geht, was Rätsel bleibt und somit stets nach Lösung verlangt, somit unsere Gegenwart mitbedeutet und deutet. So zeigt sich das bei diesem Symposion versuchte Neuverstehen Regers als eine Herausforderung, die aufzunehmen eine lohnende Aufgabe bleibt.

Darum ist besonders den Autoren zu danken, die ihre beim Reger-Symposion der Internationalen Orgelwoche in Nürnberg gehaltenen Referate hier einer weiteren Öffentlichkeit vorlegen. Weiterhin ist dem Max-Reger-Institut und der Internationalen Orgelwoche Nürnberg zu danken, deren finanzielle und organisatorische Unterstützung die Entstehung dieses Buches ermöglichte.

München, Im Frühjahr 1974   Klaus Röhring

HELMUT WIRTH

Der Einfluß von Johann Sebastian Bach auf Max Regers Schaffen

Dieses Thema ist einfach und vielfältig zugleich, und es darf sich nicht darin erschöpfen, daß man augen- oder besser ohrenfällige Gemeinsamkeiten oder Ähnlichkeiten im Schaffen der beiden Komponisten aneinanderreiht, um daraus stilistische Wertungen oder Abhängigkeiten abzuleiten. Vielmehr bedarf es einer geistigen Bereitschaft, dem Wesen der im Alter fast zweihundert Jahre voneinander entfernten Meister nachzuspüren und daraus, zumindest für unsere Gegenwart, einen Vergleich zu ziehen, der den Angehörigen dieser beiden Generationen gerecht wird. Es ist keine Frage, daß beide Komponisten, Bach wie auch Reger, über Zweifel an der Ernsthaftigkeit ihres künstlerischen Wirkens erhaben waren. Nur die Voraussetzungen zeigten Verschiedenheit. Bach gehörte zeitlich dem Barock an, jener großartigen Kunstepoche, die einen Zeitraum von mehr als hundertfünfzig Jahren beherrschte und in sich eine ungemeine Festigkeit besaß, die sehr lange allen Widerständen trotzte. Es war eine Zeit der mächtigen Herrscher, der klugen Politik, der großen Gebärde, aber auch eine Zeit der Versenkung in den Glauben, der Sicherheit im logischen Denken, der anscheinenden Ruhe im äußeren Dasein und, namentlich für Bach, eine Zeit des Glückes im Kreise einer großen und blühenden Familie.

Zugegeben, diese Beurteilung mag etwas pauschal klingen und ist es wohl auch, doch grenzt sie die Situation gegenüber der Epoche, in der Max Reger lebte, deutlich ab. Das 19. Jahrhundert, wie das Barockzeitalter ein machtvolles Gebilde, machte gegen die frühere Zeit einen zerrissenen Eindruck, wirkte unstet und war allen neuzeitlichen Strömungen gegenüber empfindlich aufgeschlossen. „Ich bin ein moderner Mensch", sagte Reger einmal, „und damit auch kritisch veranlagt." (1) Damit meinte er seine Einstellung zur Vertonung lyrischer Gedichte, aber das war nur einer seiner Wesenszüge im Verhältnis zur Umwelt. Er gehörte zu den Künstlern, die sich Gedanken über ihre Kunst machten und nicht nur einfach das Herkömmliche übernahmen, sondern auf den Fundamenten älterer Kunst zielbewußt weiterbauen wollten. „Ich kann mit gutem Gewissen sagen", schrieb der Komponist am 5. Dezember 1914 an den befreundeten Geheimrat Adolf Wach, einen Schwiegersohn Felix Mendelssohn Bartholdys, „daß ich vielleicht von allen lebenden Komponisten derjenige bin, der am meisten wahre Fühlung mit den großen Meistern unserer so reichen Vergangenheit hat." (2)

Natürlich kann einem Künstler von Rang eine so deutlich vertretene Meinung von dem Wert seiner eigenen Persönlichkeit sehr zum Nachteil ausgelegt werden, besonders wenn er, wie Max Reger, im Grunde gegen das Publikum seiner Zeit komponiert hat und sich nur ganz selten von den Strömungen des Tages in seiner Arbeit irritieren ließ.

Es war um die Jahrhundertwende, als Reger, am 19. März 1900 siebenundzwanzig Jahre alt geworden, gerade anfing, ein heftig umstrittener Bestandteil des deutschen Musiklebens zu werden. Seine Kompositionen wurden ziemlich oft aufgeführt und noch häufiger verrissen. Von mehr als dreißig Kritiken war nur eine einzige gut, bekannte Elsa Reger in München, und diese stammte aus der Feder des angesehenen Musikwissenschaftlers Hugo Leichtentritt. An Schmähschriften, Karikaturen und ähnlichen Auslassungen von zum Teil bösartiger Natur war kein Mangel. Von einer Erfolgstendenz war bei Reger vorerst noch nichts zu merken, und man muß es seinen verschiedenen Verlegern, vor allem Augener in London und Schott in Mainz, hoch anrechnen, daß sie überhaupt Werke dieses unbequemen und dickköpfigen Mannes in ihre Edition aufgenommen haben. In einer Zeit, die im Zeichen der Programmusik stand und ihren größten Komponisten in Richard Strauss sah, war es für einen Vertreter der sogenannten „absoluten Musik" wie Reger außerordentlich schwierig, sich durchzusetzen, ohne das Gesicht zu verlieren.

Fast gleichzeitig mit dem beschwerlichen Aufstieg Max Regers gab es eine Zeit der Wiedergeburt für Johann Sebastian Bach. Der 1750 im Alter von fünfundsechzig Jahren in Leipzig verstorbene Meister hatte als Organist und Kantor, als Kapellmeister und Gymnasiallehrer sein Leben im Dienste an der Kirche und am Bürgertum erfüllt. Nach seinem Tode war er nahezu vollständig dem Bewußtsein der ihm unmittelbar folgenden Generationen entschwunden. Seine Söhne

sprachen von ihm als von einer „alten Perücke", was aber nicht allzu herabsetzend gemeint war, sondern eher in der Art, wie junge Leute von ihren Eltern als ihren „alten Herrschaften" zu reden pflegen.
In den zwanziger Jahren des 19. Jahrhunderts hat der Philosoph Georg Wilhelm Friedrich Hegel in seinen „Vorlesungen über die Ästhetik" auf Johann Sebastian Bach hingewiesen, auf seine „Musiken von größter Tiefe sowohl des religiösen Sinnes als der musikalischen Gediegenheit und Reichhaltigkeit der Erfindung und Ausführung". Er sprach von Bach als einem „Meister, dessen großartige, echt protestantische, kernige und doch gleichsam gelehrte Genialität man erst neuerdings wieder vollständig hat schätzen lernen." (3) Diese Charakteristik aus der Feder des bedeutenden Philosophen begreift das Phänomen Bach trotz weniger Sätze in vollem Umfang. Etwa um dieselbe Zeit verfaßt, in der Beethoven seine IX. Symphonie komponierte, blickt sie nicht nur historisch deutend in die Vergangenheit zurück, sie eröffnet auch den Ausblick auf die Folgezeit. Doch obwohl „Sebastian Bach", wie er von Hegel und später auch von Reger abgekürzt genannt wurde, als Name und Begriff der zeitweiligen Vergessenheit schon entrissen war und viele Musiker sich auf ihn beriefen, wobei es manchmal zu Verwechslungen mit den Söhnen kam, war sein Schaffen immer noch sehr unbekannt. Dies war zum Teil auf die lückenhafte Überlieferung zurückzuführen, die ihrerseits wieder mit Bachs ‚Tagewerk', wenn man so sagen darf, zusammenhing. Es war damals nicht üblich, die kirchliche und weltliche Gebrauchsmusik in jedem Falle drucken zu lassen, denn sie galt als Tagesbedarf und wurde häufig nach der ersten Aufführung beiseitegelegt. Um die besten Stücke ihrer Arbeit zu retten, griffen die Komponisten gern zum Mittel der Parodie, d. h. sie unterlegten der Musik neue Texte — ohne dabei immer die Herkunft aus älteren Kompositionen anzugeben —, und so wurde die Sichtung eines Nachlasses oft zur Sisyphusarbeit für die Musikwissenschaft.

Im Falle Bachs war es Philipp Spitta, der in jahrzehntelanger Forschung den vorwiegend handschriftlichen Bestand an Werken gesichtet und den Versuch einer stilistischen und zeitlichen Einordnung unternommen hat. Dank seiner exakten Methode ist es möglich geworden, den wesentlichen Teil dieser Musik für die neuere Zeit nutzbar zu machen. Daß sich innerhalb der von ihm aufgestellten Ordnung seitdem noch viele Änderungen als notwendig erwiesen haben, mindert in keinem Punkte die Bedeutung der Arbeit dieses genialen Forschers. Mit der im Jahre 1873 veröffentlichen Biographie sowie der ersten Gesamt-Ausgabe der Werke Johann Sebastian Bachs hat Spitta den Anstoß für die heute weltweite Verbreitung und Hochschätzung der Werke eines Künstlers gegeben, dessen Wirken mit der althergebrachten Dienstbezeichnung „Kantor an St. Thomae" in Leipzig fachlich zwar nicht falsch, tatsächlich jedoch zu eng gefaßt war. Denn Johann Sebastian Bach war mehr als ein städtischer Kirchenmusiker: er war „Kapellmeister von Hause aus", er liebte den weltlichen Musikerstand, weil er ihm den Eintritt in eine Gesellschaftssphäre ermöglichte, die ihm von seiner Bildung her zwar zustand, in die er als Kirchenmusiker damals aber nicht so leicht hineinkam. Max Reger übrigens, der zwar nicht Kirchenmusiker war, mag wohl ähnlich gedacht und sich daher entschlossen haben, Kapellmeister am herzoglichen Hofe in Meiningen zu werden. Wir kennen Bachs Abschiedsgesuch an die Räte von Mühlhausen in Thüringen, worin er, im Umgang mit Vorgesetzten oft sehr streitbar, diesmal mit etwas hinterhältiger Höflichkeit bedauert, daß sich „eine regulirte kirchen music zu Gottes Ehren ... ohne wiedrigkeit nicht fügen" wolle und er deshalb bitte, ihn „mit einer gütigen dimission förderlichst zu versehen." (4) Auch in dem Pathos ihrer Briefe sind sich Bach und Reger oft ähnlich, denken wir nur an die unwirschen Worte, die Reger am 17. Januar 1911 an den ihm sehr zugetanen Reinhold Anschütz in Leipzig richtete, als sein Chorwerk „Die Nonnen" ohne sein Wissen vom Konzertplan abgesetzt worden war: „Ich muß Ihnen gestehen, daß mir eine derartige, meiner ganz unwürdige Behandlungsweise noch nirgends, aber auch noch nirgends passiert ist: Dieser Ruhm bleibt Leipzig für alle Zeiten." (5)

Bach hat sich als Director der Fürstlichen Kammermusik am Hofe des Fürsten Leopold von Anhalt-Köthen recht wohl gefühlt. Die Zahl und der Wert der dort entstandenen Kompositionen — unter ihnen befinden sich die „Brandenburgischen Konzerte", die Violin- und Cembalokonzerte, die Englischen und die Französischen Suiten, des „Wohltemperierten Klaviers" Erster Teil und vieles andere mehr — sind, um mit Goethe zu sprechen, inkommensurabel. Weniger die „regulirte kirchen music" als die Tatsache, daß seine Söhne zu

„denen studiis zu incliniren schienen" (6), mag zur Bewerbung an die Thomaskirche in Leipzig geführt haben, und war der höfische Kammermusikdirektor Bach bald vergessen, so wurde es der hochgebildete, fleißige und gläubige Thomaskantor auch, fast schon zu Lebzeiten, denn in den letzten Jahren seines Kirchendienstes war die Frage nach neuen Kantaten nicht mehr sehr rege. Ähnlich ist es Max Reger ergangen, dessen ursprünglich große Wirkung bis in die Wiener Schule um Schönberg und Berg über seinen frühen Tod im Jahre 1916 hinaus etwa zehn Jahre anhielt und dann anderen Sternen am Musikhimmel weichen mußte.

Zu Beginn unseres Jahrhunderts war es noch nicht üblich, Bach mehr als eine pflichtschuldige Reverenz zu erweisen. Es war fast abenteuerlich, seine Musik öffentlich zu spielen, und insofern war die neue Zeit hinter der älteren zurück, denn Bachs Musik ist niemals ganz tot gewesen. Seine älteren Söhne, Wilhelm Friedemann und Carl Philipp Emanuel, hatten Teile aus seinen Kantaten und Passionen für ihre Gottesdienste übernommen, wobei der Name des Vaters allerdings nicht immer genannt wurde. Der Wiener Komponist Georg Christoph Wagenseil gab Unterricht mit Werken von Bach und Händel, und sein Schüler Erzherzog Joseph, als Kaiser Joseph II. Nachfolger seiner Mutter, Maria Theresia, war ein begeisterter Fugenspieler; Joseph Haydn besaß eine Kopie der Messe h-moll; Mozart bearbeitete Präludien und Fugen Bachs für Streichtrio; der junge Beethoven führte sich in den Wiener Salons als Bachspieler ein, sein Schüler Carl Czerny machte sich um Neuausgaben von Werken des Thomaskantors verdient; Gioacchino Rossini verehrte Bach, Robert Schumann komponierte zu den Sonaten und Partiten für Violine solo einen Klavierpart, von Ehrfurcht vor dem großen Altmeister erfüllt. Fast ein wenig „Regerisches" hatte dieser Vorgang, und man sollte hier schon erwähnen, daß Reger die Fugen von Schumann über das Thema B-A-C-H op. 60 als „das Beste für die Orgel" (7) nach Bach erklärt hat. In der Vorstellung des Orgelklanges des 19. Jahrhunderts war Liszts Klavierübertragung Bachscher Orgelwerke vorbildlich zu nennen, sie hatte etwas Geniales, dem Wesen Ferruccio Busonis ähnlich wie dem von Eugen d'Albert, der Bachs Passacaglia und Fuge c-moll von der Orgel ins Klavier übersetzte. Joseph Rheinberger endlich schuf eine Bearbeitung der Goldberg-Variationen für zwei Klaviere, die 1915 in einer Revision von Reger neu herausgegeben worden ist.

Was hat dies mit Max Reger und seinem Verhältnis zu Johann Sebastian Bach zu tun? Im Grunde eine ganze Menge, denn hier liegt eines der Fundamente, auf denen der Jüngere weitergebaut hat. Als er auf eine Anfrage der Zeitschrift „Die Musik" antwortete: „Sebastian Bach ist für mich Anfang und Ende aller Musik" (8), hat er einen lapidaren Satz formuliert, der für ihn ein eindeutiges Bekenntnis war. Schon der Achtzehnjährige, der eben seine Violinsonate op. 1 und das Klaviertrio op. 2 beendet hatte, schrieb an seinen Lehrer Adalbert Lindner: „Glauben Sie mir, all die harmonischen Sachen, die man heute zu erfinden sucht und die man als so großen Fortschritt anpreist, die hat unser großer unsterblicher Bach schon längst viel schöner gemacht! Gewiß! Sehen Sie sich mal seine Choralvorspiele an, ob das nicht die feinste, objektivste und doch deshalb subjektivste Musik ist. Denn was ich nicht selbst fühle, kann ich nicht objektivieren!" (9)

Kam es nun von ungefähr, daß man Reger aufgrund solcher und ähnlicher Äußerungen schon bald einen „zweiten Bach" nannte, oder war diese einseitige Beurteilung ebenso wertend — wenn nicht gar abwertend — wie die eines „zweiten Brahms"? Hier kommen wir dem Problem schon bedeutend näher; denn nicht Bach allein war es, der den jungen Komponisten immer stärker in seinen Bann schlug, sondern mindestens ebensosehr Johannes Brahms. Ich möchte die These wagen, daß Regers Liebe zu Bach durch das Prisma Johannes Brahms' ging. Diese Briefstelle des Einundzwanzigjährigen sagt darüber eine Menge aus: „Der Brahmsnebel wird bleiben — mir ist er lieber als die Gluthitze von Richard Wagner, Richard Strauss und anderen." (10)

Noch waren in Regers frühen Jahren die praktischen Voraussetzungen für die Wiedergabe älterer Musik nicht so einfach, so ‚destilliert' wie heute. Es gab noch keine Urtextausgaben, jeder richtete sich das Material nach seinem Können und Geschmack ein. Man musizierte frisch, aber auf modernen Instrumenten. Erst langsam gewann das Cembalo sein Ansehen zurück, und doch verging noch eine geraume Zeit, bis man den guten, alten Generalbaß so spielte, daß er keinen solistischen Anspruch erheben konnte. Es war im Sommer 1932. Im Collegium musicum der Universität Kiel sollte Bachs Violinkonzert E-dur gespielt werden. Ich hatte das Vergnügen, am Cembalo zu wirken, schlug meine Stimme auf und war einigermaßen verblüfft, denn was sich mir bot, war ein ausgewachsenes Klavierkonzert. Und wer hatte diese Bearbeitung angefertigt? Max Reger. Selbstverständliches aus alter Zeit war zum Problem für die Enkel geworden! Sehen wir uns nur die verschiedenen Bach-Ausgaben an. Rudolf Steglich, früher Professor in Erlangen und Verfasser einer bedeutenden Bachbiographie, hat anhand weniger Takte der zweistimmigen Invention a-moll an acht verschiedenen Bearbeitungsausgaben festgestellt, es sei „freilich eine unendliche Aufgabe, Wesen und Wert eines solchen Mannes zu erfassen. Wer möchte sich anmaßen, sie ganz zu lösen? Dennoch muß der Versuch begonnen werden." (11) Der fortschrittliche Reger war ein ausgemachter Gegner des Cembaloklanges. Er war nicht zu bewegen, auf dem „Klapperkasten", wie er sich einmal geäußert hat, Töne hervorzubringen. Mit seinem Heidelberger Freunde Philipp Wolfrum hat er öfters das Konzert C-dur für zwei Klaviere gespielt, aber auf dem modernen Flügel und ohne Basso continuo, ähnlich wie Wilhelm Furtwängler daran festhielt, das 3. Brandenburgische Konzert stets ohne Continuoinstrumente auszuführen. Nach dem Ersten Kriege und wohl auch unter dem Eindruck der Freiberger Orgeltagung begann die Wendung. Man integrierte das Cembalo als Solo- und Continuoinstrument in das Instrumentarium für die Wiedergabe alter Musik nach musikhistorischen und -wissenschaftlichen Richtlinien.

Max Reger, von dem Hugo Riemann gesagt hatte, er begreife „unheimlich schnell" (12), hat für die Eigenart Bachs und die Größe seiner Musik ein echtes Gespür gehabt, war aber in der Umsetzung des Notentextes ein Kind seiner Zeit. Es ist wahrscheinlich, daß er sich mit dem Freunde Ferruccio Busoni über Probleme um Bach unterhalten hat. Busoni, sieben Jahre älter, hatte schon 1890 mit einer Druckausgabe der von ihm revidierten Werke Bachs begonnen. Reger kam erst viel später dazu und hat, zusammen mit August Schmid-Lindner, im Gegensatz zu Busoni, den Originaltext Bachs nicht verändert, sondern nur mit einer allerdings erheblichen Anzahl von Phrasierungs- und Vortragszeichen versehen. Busoni war hierin etwas großzügiger, obwohl er sich von pädagogischen Erwägungen leiten ließ. Danach wirkt es auf heutige Musiker seltsam, wenn sie, in Busonis Ausgabe, die zweistimmige Invention Nr. 14 in B-dur in doppelt so großen Notenwerten aufgezeichnet finden. Durch diese Notierung nämlich wird das zierliche Filigran des Bachschen Textes unvorteilhaft in eine andere Stilsphäre übertragen. Auf der anderen Seite hat Max Reger etwas angerichtet, was ihm zu Lebzeiten und auch nach seinem Tode schweren Tadel eingetragen hat. Zusammen mit Karl Straube, dem gleichaltrigen Freunde und unermüdlichen Interpreten seiner Orgelmusik, hat er 1903 in München als „Schule des Triospiels" die fünfzehn zweistimmigen Inventionen von Bach mit einer dritten Stimme versehen und das Ganze für Orgel übersetzt. „Ich kann musikalisch nicht anders als polyphon denken" (13), hatte Reger schon früher gesagt, genau so, wie es für ihn zwischen Harmonielehre und Kontrapunkt keinen Unterschied gebe. Nicht zu unrecht bemerkt Regers Mentor Adalbert Lindner, „wie spielend leicht es Reger war, sich in die Ausdruckswelt andrer Meister zu versenken und deren Stil nachzubilden. Solche Gabe ist aber für einen Komponisten, der Eigenes und Dauerndes bringen will, ein Danaergeschenk, und auch für Reger wurde sie zum zweischneidigen Schwert." (14) Reger hatte diese Fähigkeit gemeinsam mit Busoni, und beide waren, in diesem Punkte wenigstens, verwandt mit Mozart, der sich in seinen frühen Jahren oft „häutete" und sich darüber auch ganz klar war. Regers dritte zu den zwei Stimmen Bachs ist frei imitatorisch geführt, jedoch — und wieder folgen wir Lindner — „in so kongenialer Weise, daß man glauben möchte, Bach hätte sich dieses Verwandlungs- und Ergänzungskunststück selbst geleistet."

Sehr heftig verurteilte Fritz Jöde die Firma Reger & Straube, während Rudolf Steglich die Sache ins rechte Lot zu bringen suchte. Vielleicht hätten die beiden jungen Künstler die „Schule des Triospiels" gar nicht veröffentlichen sollen, doch wer außer Reger — Busoni ausgenommen — hat zu jener Zeit ein kontrapunktisches Können von solchem Ausmaß gehabt, um ein Experiment dieser Art wagen zu können? Heute kann man in dieser „Schularbeit" fast so etwas wie eine Notwendigkeit sehen, besser vielleicht: eine geistige Befestigung seines Verhältnisses zu Bach (15).

Wie war denn Regers Bach-Verehrung überhaupt zustande gekommen? Seine frühen Klavierstudien enthielten Etüden von Bertini und Sonatinen von Clementi, aber auch, und das war wichtig für seine Zukunft, die polyphon gestalteten Sonatinen op. 42 seines nachmaligen Lehrers Hugo Riemann. Doch Bach lag zunächst noch in weiter Ferne. „Wenn du die großen Gipfelpunkte ..., vor allem nicht zu vergessen das ‚Wohltemperierte Klavier' von Bach, einmal ferm beherrschest, wirst du wohl auf einer sonnigen Höhe deiner Kunst angelangt sein", sagte Lindner. „Halte dich wie ein Bülow ... an die drei großen B [Bach–Beethoven–Brahms] und du wirst hierbei am besten fahren." (16) Wer denkt dabei nicht an Regers Ausspruch: „Ich, der glühendste Verehrer Johann Sebastian Bachs, Beethovens und Brahms', sollte den Umsturz predigen? Was ich will, ist ja doch nur eine Weiterbildung dieses Stiles." (17)

Nicht der Klavierunterricht also war es, der Reger zu Bach führte, sondern das Orgelspiel auf dem zusammen mit dem Vater gebastelten Hausinstrument, und man muß sich wundern, daß dieses Örgelchen die Phantasie des Jünglings so entscheidend anzuregen vermochte. Sicher hatte sein späterhin als unvergleichlich gelobtes Bach-Spiel auf dem modernen Flügel schon hier seinen Ursprung. Sehr hübsch schreibt Elsa Reger über das hohe Ansehen, dessen sich Reger schon damals als Bach-Interpret erfreute: „Der Bruder meiner Mutter, Kurt von Seckendorff, kam eines Abends ... sehr angeregt heim und sagte: ‚Heute habe ich etwas musikalisch wirklich Schönes erlebt. Ein junger Musiker wurde aufgefordert zu spielen, er setzte sich an den Flügel und sagte merkwürdigerweise, er spiele ‚Bach', aber das Merkwürdigste war, er konnte ‚Bach' spielen." (18)

Wenn man Karl Straubes Briefe liest, erfährt man, daß Regers Bindungen an Bach ursprünglich nicht sehr eng waren. Es waren „ihm vertraut das Wohltemperierte Klavier und die Orgelwerke, die ihm sein erster Verleger Augener ... geschenkt hat. Die Suiten und ‚Brandenburgischen' [Konzerte] kannte er gar nicht." (Er lernte sie erst durch Straube kennen und hat von den letzteren eine Übertragung für Klavier zu vier Händen vorgenommen, die, würde man im Konzertsaal wirklich einmal diese schöne Spielart wagen, sicher Erfolg haben würde.) Reger, so heißt es bei Straube, wußte „nur sehr wenig vom Kantatenwerk, und er besaß nicht einmal die Partituren der Matthäus-Passion und der Hohen Messe." (19) Nun, zugegeben, das war nicht eben viel, allein es muß genügt haben, um Regers Liebe zu Bach nicht nur zu wecken, sondern auch zu erhalten, wenn nicht gar zu mehren. „Was Reger [an Bach] bewunderte", wir folgen hier den Darlegungen von Richard Engländer, das „war vor allem der Meister der instrumentalen miniature, der Meister verfeinerter klavieristischer Liniengebung, der Meister unerhörter Ausdrucksgegensätze und der bildliche Einschlag bei Bach, der an den Fantasieschatz der christlichen Kirche anknüpft." Ja, so meint Engländer, „Reger hatte zweifellos eine stille Liebe wenn nicht zur Programmusik, so doch zu den Musikern, die, wenn sie es wollten, sich in der Kunst der Instrumentation realistisch auszudrücken und auszuleben vermochten." (20) Dies würde nicht nur seine ständige Vorliebe für die Malerei einbeziehen, sondern auch in seinem Kompositionsbereich die Choralphantasien für Orgel, deren Nähe zu Bach wie zu der Literatur seiner Zeit Hugo Ernst Rahner zur Grundlage von weitblickenden Untersuchungen gemacht hat. (21) Reger, ein Sohn der *fin de siècle*, las Nietzsche und Zola, Gerhart Hauptmann und Dehmel, Tolstoi und d'Annunzio, Ibsen und Strindberg. Malerei und Dichtung bestimmten denn auch neben den relativ frühen Choralphantasien spätere Werke wie die „Vier Tondichtungen nach Arnold Böcklin", op.128, und die „Romantische Suite", op. 125, nach Gedichten von Eichendorff, und manche anderen Kompositionen.

Das „Kongeniale", das Lindner in Regers Beziehungen namentlich zu Bach erkannte, fand seinen Ausdruck in vielen Aussprüchen und Briefstellen. „Daß Bach so lange verkannt sein konnte, ist die größte Blamage für die ‚Kritische Weisheit' des 18. und 19. Jahrhunderts", sagt Reger in dem schon erwähnten Bachheft der Zeitschrift „Die Musik." Pathetischer gab er sich in einem Brief an Elsa von Bercken, seine spätere Gattin: „Allvater Bach: Das ist allemal ein geistiges Stahlbad, das mir in der Zeit unserer Verweichlichung ganz besonders wohl tut!" (22) Der Gigant Bach — selbst das Beiwort „urgermanisch" taucht einmal auf — war es, den Reger verehrte, wenn er die „geistigen Schwachköpfe" ansprach, die „nur immer am Äußerlichen hängen" können und im übrigen unfähig sind, die „Kühnheit eines Bach zu verstehen." (23) Natürlich mußte ihn diese offensive Einstellung in schärfsten Gegensatz zu den Programmusikern seiner Zeit bringen. Doch der Querkopf Reger ließ sich nicht beirren. Wollte es mit der Symphonik noch nicht so recht klappen — zwei frühe Fragmente lassen keine ausgesprochene Eigenart erkennen —, war er in der Kammermusik und im Liede zunächst noch vorwiegend auf Beethoven und Brahms eingeschworen, so erschloß sich ihm in der Orgelmusik ein damals nicht sehr dicht besiedeltes Gebiet, in dem er sich niederlassen konnte.

Über Regers Orgelmusik ist viel geschrieben und noch mehr geredet worden, darunter manches Abträgliche und einiges von einem Niveau, das einem so vorkommt wie ein Hund, der den Mond anbellt. Man ist sich lange nicht darüber klar gewesen, daß Regers Orgelmusik nur zu einem verhältnismäßig geringen Teil von Bach beeinflußt worden ist. Für Reger gab es, als er mit 19 Jahren anfing, die ersten Stücke für die Königin der Instrumente zu schreiben, zwei Phänomene: die Persönlichkeit Bachs mit der, wie Straube gesagt hat, noch ziemlich geringen Kenntnis der Werke sowie die Beschaffenheit der Orgel. Über Bach läßt sich leichter streiten als über das Instrument, und wenn Reger manchmal in die Haut Bachs hineingeschlüpft ist, sogar noch in der Suite a-moll op. 103A für Violine und Klavier aus dem Zyklus „Hausmusik" oder in manchen seiner Solosonaten für verschiedene Streichinstrumente, so bleibt immer noch genug Reger nach. In die Orgel aber konnte der Komponist nicht schlüpfen. Da war er der Materie ausgeliefert und mußte mit dem vorliebnehmen, was sich ihm damals bot. Daraus resultierte nicht nur sein zeitweiliges Mißvergnügen an der Orgel, sondern auch das seiner Zeitgenossen und noch mehr das der Nachfolger. Die nach Regers Tod veranstalteten Orgeltagungen im sächsischen Freiberg 1923 und im badischen Freiburg 1926 sollten Klarheit über die Instrumente schaffen und über die Musik, die auf ihnen zu spielen sei. Im Falle Regers war das Ergebnis nicht günstig, wohl aber im Falle Bachs. Reger hat nur selten Umgang mit älteren Orgeln gehabt, d. h. mit solchen Werken, die noch weit entfernt von den sogenannten Orchesterorgeln waren. Zu Straube sagte er 1903, daß er die damals noch nicht umgebaute Orgel des Münsters zu Basel für besonders geeignet zur Wiedergabe seiner Werke halte. Entsprach einst das Orchester den Klangfarben der Orgel, so ging man im 19. Jahrhundert den umgekehrten Weg: die Orgelregister wurden den Orchesterstimmen nachgebaut, und der spezifische Orgelklang ging im symphonischen Bereich unter. Es wäre im übrigen nicht richtig, Bachs Orgelmusik nur als einem einzigen Instrument zugehörig zu sehen. Auch zu seiner Zeit gab es Unterschiede, so klangen Arp Snitgers Orgeln anders als die von Gottfried Silbermann. Reger kannte Bachs Orgelmusik und die von Mendelssohn Bartholdy, Schumann und Liszt. Auch die Kompositionen von César Franck dürften ihm nicht unbekannt gewesen sein. Von Bachs Musik sagte er, daß „Jede Orgelmusik, die nicht im Innersten" (24) mit ihm verwandt ist, unmöglich sei!

So umstritten er war, hatte er schon früh gute Interpreten seiner Orgelmusik an der Hand, vor allem Karl Straube. Als er einmal einen nicht sehr guten Organisten hörte, meinte er ganz trocken: „Die Orgel hör' ich wohl, allein mir fehlt der Straube!" (25) Inzwischen ganz auf Bachs Musik eingestellt, hatte der junge Reger ernsthaft gearbeitet: „Ich studiere sehr fleißig alte Kirchentonarten und bringe in meine Kompositionen so manche Wendung hinein, die eben auf unserem tonalen Empfindungsfelde nicht wächst" (an Lindner, 21.4.1893). (26) An Martin Krause schrieb er, an die Ausführenden stelle er „große technische und musikalische Schwierigkeiten", aber „diese anfangs vielleicht bizarren oder überladenen Stellen" erwiesen sich als „ganz einfach", er „schreibe nie um der Schwierigkeit willen." (27) Kräftiger sind seine Worte an den Organisten Gustav Beckmann: „Warum haben bisher meine Orgelwerke ... am meisten Beifall gefunden? Nun, weil der Organist durch sein Instrument schon und durch vieles Bachspielen eine höhere musikalische Bildung hat als der Sänger und Klaviervirtuose", (28) und wenige Tage später: „Meine Orgelsachen sind schwer. Man macht mir oft den Vorwurf ..., daß ich absichtlich so schwer schreibe; gegen diesen Vorwurf habe ich nur die eine Antwort, daß keine Note zuviel darin steht." (29)

Viele Jahre später meinte er zu seinem Schüler Joseph Haas, er gäbe „sehr viel dafür, wenn ich viele meiner Werke nicht gedruckt wüßte"; (30) ähnlich hatte sich schon Beethoven über sein eigenes Schaffen geäußert. Regers Wort an Hermann Poppen: „Andere machen Fugen; ich kann nicht anders, als darin leben" (31) hat ebenfalls

Bekenntnischarakter, nicht nur in bezug auf sein eigenes Schaffen, sondern auch als Beweis für seine „bachische" Denkweise.

Mit drei Werken hat Reger dem Genius Bach *expressis verbis* gehuldigt: der Suite e-moll op. 16 für Orgel, „Den Manen J.S. Bachs", der Phantasie und Fuge über BACH, op.46, gleichfalls für Orgel, und der Klavierkomposition „Variationen und Fuge über ein Thema von J.S. Bach", op. 81. Ich möchte nicht Siegfried Kross zustimmen, der in seiner schönen Abhandlung „Reger in seiner Zeit" meint, daß Brahms „einen besonders friedfertigen Tag gehabt haben" muß, als er Reger „mit einem etwas förmlichen Dank" den Empfang der Suite bestätigte und die Widmung an Bach mit „milder Ironie" quittierte. (32) Der alternde Meister wird doch etwas mehr darin gesehen haben als nur jugendliche Angabe. Das viersätzige Werk gipfelt in einer Passacaglia, und unwillkürlich denkt man an das Finale von Brahms' IV. Symphonie, mit der Regers Stück die Tonart gemeinsam hat. Am 19. Mai 1896 schrieb Reger an Lindner: „Einige meiner hiesigen ‚Kollegen' [in Wiesbaden] haben . . . über die Orgelsuite die Köpfe geschüttelt . . . Ich habe den . . . Spitznamen ‚Kontrapunktist' oder der ‚Kanoniker'. Letzthin . . . wollten mich so einige Hochnäsige uzen und meinten also, so eine Passacaglia zu schreiben wäre ja gar nicht schwer . . . Da schlug ich . . . vor: alle anwesenden Herren sollten zusammen helfen und eine Passacaglia schreiben über ein Thema, das ich ihnen sogleich aufschrieb, im ganzen nur zwanzig Variationen binnen vierzehn Tagen; könnten sie das . . ., so wollte ich gern fünfzig Mark zum Besten der Armen stiften. Die vierzehn Tage waren vorbei — ich habe keine Passacaglia zu sehen bekommen . . ." (33)

Fünf Jahre später schuf Reger die Komposition, die wie kaum ein anderes seiner Orgelwerke den Namen Reger in aller Welt bekannt gemacht hat: die Phantasie und Fuge über BACH, op. 46. Dem Manne gewidmet, der fast sein Lehrer geworden wäre, Joseph Rheinberger in München, enthält sie eigentlich alles, was man von Reger erwarten durfte: die Kühnheit der Tonsprache, die Gewalt und Zartheit der Gedanken, die Bewältigung der großen Form, die Kunst der Fuge und was dergleichen mehr ist. Hatte Reger von Bach den Typus der Choralphantasie entliehen und ihm durch das Erlebnis der Symphonischen Dichtung Franz Liszts, aber auch der modernen

Orgelphantasie Heinrich Reimanns Elemente der neueren Kunstrichtungen zugeführt, war er, der strenggläubige Katholik Reger, durch die Beschäftigung mit dem lutherischen Choral dem Protestantismus näher getreten — später heiratete er sogar eine Protestantin —, so führte er in der BACH-Komposition die verschiedenen Strömungen zusammen und schuf über das romantisch verklärte Thema eine Art von weltlicher Choralphantasie, wie er sie später in den großen Variationszyklen zunächst für Klavier, dann für Orchester mehrfach verwirklichen sollte. Im Sinne Bachs hatte Reger schon seine erste Choralphantasie gesetzt: über Luthers Choral „Ein' feste Burg ist unser Gott", op. 27, die Straube als einen „großen Wurf" (34) bezeichnet hat. Übersichtlich gegliedert und gut riemännisch kadenzierend, folgt das Stück genau dem noch unter den melodischen Choralzeilen notierten Text, ein schönes Beispiel für Regers Anpassungsfähigkeit, die Lindner bedenklich gefunden hatte, sowie für seine Auseinandersetzung mit Heinrich Reimann, dem Initiator dieser neuen Form der Choralphantasie.

Regers dritte Huldigung endlich heißt „Variationen und Fuge über ein Thema von Johann Sebastian Bach", op. 81. Das Thema zu dem 1904 entstandenen Werk ist das Ritornell zum Duett „Seine Allmacht zu ergründen" aus der Kantate BWV 128 „Auf Christi Himmelfahrt allein ich meine Nachfahrt gründe."

Wohl ist es von Bach, doch geht es in den Variationen nicht immer sehr „bachisch" zu! Reger nämlich hatte inzwischen einen großen Schritt in der Verselbständigung seines kompositorischen Denkens getan. Schon in den Orgelwerken nach der Bach-Phantasie op. 46 ist er Wege gegangen, die, ohne das Erlebnis Bachs zu leugnen, neue Ergebnisse zeigen. So ist die „Symphonische Phantasie und Fuge", op. 57, ein heftig aufbegehrendes Stück von freiester Phantastik, einem Werk wie Brahms' Klavierquartett c-moll op. 60 verwandt und der Beginn einer neuen Phase in Regers Orgelmusik, zugleich aber auch der Anfang jener Epoche, in der Regers Interesse an überdimensionalen Orgelkompositionen zugunsten einer verstärkten Neigung zur Orchestermusik zurücktritt. Dagegen bedeuten die zwölf Stücke op. 59, unter ihnen die eindeutig an Bach orientierte Toccata d-moll und die sogenannte „Kleine Orgelmesse", den Ausgangspunkt in der Pflege der Orgelminiatur, was wir nicht allzu wörtlich nehmen sollten. Einige spätere Orgelkompositionen, darunter „Introduktion, Passacaglia und Fuge e-moll", op. 127, und als Abschluß einer großen Entwicklung und ganz neue Perspektiven eröffnend, die eng an Bach anschließende, völlig moderne „Fantasie und Fuge d-moll", op. 135 b, das zweite und letzte der Richard Strauss gewidmeten Werke, sind eine Fortsetzung Bachscher Technik mit neuzeitlichen Mitteln, vor allem mit einer subtilen Kunst der Harmonisation, die, durch Wagners und Liszts Chromatik gegangen und an Brahms' modaler, kirchentonartlicher Harmonik gewachsen, einen entscheidenden Schritt in musikalisches Neuland bedeutete. „Sollte die Harmonik nicht immer ganz bazillenfrei sein, so bitte ich alle tonalen Keuschheitsapostel um gütige Vergebung", (35) schrieb der Komponist in der Festnummer der Zeitschrift „Die Musik" über sein Klavierquartett d-moll op. 113, übrigens eines jener Werke, die Arnold Schönberg in Wien aufführen ließ und bei deren Nennung es einem leid tut, daß es zwischen den beiden, im Lebensalter nur um ein Jahr verschiedenen Meistern keine Brücke gab, was in erster Linie auf Regers ablehnende Haltung zurückzuführen war.

Doch kommen wir auf Regers BACH-Variationen, op. 81, zurück! War es in vielen Werken der vorangegangenen Jahre Johannes Brahms gewesen, dessen Leitstern zuweilen auffällig, meist aber milde glühte, war es in den Orgelwerken Joh. Seb. Bach, der den jungen Reger als Melodiker und Harmoniker überaus stark fesselte, so meldet sich in den Bach-Variationen Ludwig van Beethoven, dem Reger nicht nur in früher Jugend, sondern während seines ganzen Lebens innerlich verbunden war. In den Variationen op. 81 und in den Variationen über ein Thema von Beethoven, op. 86, erlebt man Regers geistige Übereinstimmung mit dem Werk des „späten" Beethoven, und auch in die große Schlußfuge der Bach-Variationen fällt ein Strahl der „Zentralsonne", wie man Beethoven oft genannt hat. Die Verbindung von Bach und Beethoven mit der Welt von Johannes Brahms ist viele Jahre nach Regers jugendlichen Werken auf dieser hohen Ebene zustandegekommen. Sie hat alle großen Orchesterschöpfungen spürbar beeinflußt, vor allem in den Variationszyklen, die zu Regers besten Kompositionen zählen. Wo es aber darum ging, den musikalisch so reich abgewandelten Themen einen krönenden Abschluß zu geben, wählte Reger die Fuge — die für ihn die freieste aller Formen war — und schloß damit nicht nur empirisch, sondern auch von seinem starken persönlichen Gefühl her wieder an Johann Sebastian Bach an. Die Choralfuge, also jenes Kunstwerk, in dem das Variationsthema nach alter Orgelweise zum Abschluß choralartig das Fugengeschehen überstrahlt, ist von Reger auf eine Höhe geführt worden, die er selbst in einigen Werken noch mehrfach erreichen sollte, zuletzt mit den Mozart-Variationen, op. 132, dem bekanntesten seiner Orchesterwerke. Auch hier begreift man seine Verehrung für Bach, selbst wenn der Komponist am Ende der locker gearbeiteten Fuge das zärtliche Thema Mozarts choralartig steigert und zu einer großen Hymne werden läßt.

Ein reizvolles Abbild der Zugehörigkeit Regers zum Kreise Johann Sebastian Bachs erkennen wir bei der Betrachtung der zahlreichen Kompositionen für ein Streichinstrument allein. Gemeinhin wird Bach als Stammvater dieser Stücke angesehen. Gewiß, er war einer der ersten, die solche meist virtuosen Kompositionen schufen, und viele Stücke Regers schließen eng an das Vorbild an. Dennoch hieße es an der Realität vorbeigehen, wollte man seine Auseinandersetzung mit den älteren Werken dieser eigentlich recht sparsam vertretenen Gattung einseitig an Bach ablesen. Selten handelt es sich um Stilkopien, eher schon um den Versuch einer Neuschöpfung unter Berücksichtigung älterer Vorlagen. Oft genug klingt auch Brahms an, obwohl dieser nicht eine einzige Solokomposition für Streichinstrumente hinterlassen hat. Aber wie reizvoll ist Regers Adaption einer Orgelkomposition Bachs für die Solovioline. Ich denke dabei an Karl Straubes Wort, daß man auf der Orgel singen müsse wie auf einer Violine. Reger hat den umgekehrten Weg gewählt. Stellen wir Bachs „Fantasie G-dur" BWV 572 Regers „Präludium und Fuge" G-dur op. 117 Nr. 5 gegenüber, so erleben wir, wie Reger die anfängliche Übernahme von Bachs Thema in höchst selbständiger, dabei immer Bach verbundener Weise weiterführt.

Im vokalen Teil von Regers Schaffen tritt der Einfluß Bachs nicht so sinnfällig in Erscheinung. Man sollte nicht jeden Chorsatz einer „recherche de la paternité" unterziehen. Der Aufhänger für eine Beziehung zu Bach liegt in Regers echter Liebe zum protestantischen Choral, die einen romantischen Kern hat. „Haben Sie noch nicht bemerkt", schrieb er an Arthur Seidl, „wie durch alle meine Sachen der Choral hindurchklingt: ‚Wenn ich einmal soll scheiden'?" (36) Der aus Würzburg stammende Komponist Winfried Zillig war der Meinung, daß Reger Protestant gewesen sei. Max Reger jedoch hat niemals aufgehört, sich zum Katholizismus zu bekennen. Das hat ihn nicht daran gehindert, seinen 100. Psalm mit dem Choral „Ein' feste Burg" zu beschließen. Ein Bekenntnis zu Bach und seiner Welt aber sind die 1902—1904 zu München komponierten „Choralkantaten zu den Hauptfesten des evangelischen Kirchenjahres". In ihnen verstand Reger es, ähnlich wie in einigen Instrumentalkompositionen, den Schwierigkeiten einer Aufführung menschenfreundlich aus dem Wege zu gehen und echt empfundene Musik zum Lobe Gottes zu schreiben. Neu daran ist die Beteiligung der Gemeinde, was wie eine Vorwegnahme heutiger Gottesdienstpraxis anmutet. Überhaupt wurde Reger einer der wichtigen Erneuerer der protestantischen Kirchenmusik nach langer Zeit der Stagnation. „Im Grunde sind wir ja alle Epigonen [Johann Sebastian] Bachs", (37) hatte er schon 1894 gesagt. Damals war seine weitere Entwicklung noch nicht abzusehen, und mag das Erlebnis dieser Kunst später wegen anderer Ereignisse zeitweilig in den Hintergrund getreten sein: eigentlich hat es ihn durch sein ganzes Leben begleitet, getreu seinem Ausspruch „Sebastian Bach ist für mich Anfang und Ende aller Musik." Wie selbständig Reger dennoch nach und neben Bach wirkt, das kann der I. Satz der „Suite im alten Stil", op. 93, zeigen. Es ist nur der Anfang, der im alten Stil gehalten ist und speziell auf den Beginn des Dritten Brandenburgischen Konzerts von Johann Sebastian Bach verweist. Was dann kommt, ist so unverkennbar „regerisch", daß es gar nicht regerischer geht. Wie der Komponist über die Jahrhunderte hinweg die Brücke schlägt und sparsam verwendete Elemente älterer Technik mit den Ausdrucksmitteln seiner Zeit verbindet, das ist ein Zeichen von hoher Reife und ganz persönlichem Stil.

Literatur

1 Lindner, A.: Max Reger, Regensburg, 3. Auflage 1938, S. 362
2 Briefe eines deutschen Meisters, Leipzig 1928, S. 292
3 Vorlesungen über die Ästhetik III, Frankfurt 1970, S. 261
4 Spitta, Ph.: Joh. Seb. Bach I, Leipzig 1873, S. 372 ff.
5 Briefe S. 239
6 Spitta, a.a.O. Bd. II, Leipzig, 3. Auflage 1921, S. 83
7 Unger, H., „Neues Max-Reger-Brevier", Basel 1948, S. 75

8 Wirth, H.: Max Reger, Hamburg 1973, S. 68
9 Briefe S. 27
10 ebda, S. 40
11 Steglich, R.: Johann Sebastian Bach, Potsdam 1935, S. 44 f.
12 Lindner, a.a.O. S. 44
13 ebda, S. 363
14 ebda, S. 167
15 Stein, F.: Thematisches Verzeichnis der im Druck erschienenen Werke von Max Reger, Leipzig 1953, S. 420
16 Lindner, a.a.O. S. 47
17 ebda, S. 356
18 Wirth, a.a.O. S. 80
19 Briefe eines Thomaskantors, Stuttgart 1952, S. 175 f.
20 Engländer, R.: Max Reger und Karl Straube, in „Mitteilungen des Max-Reger-Instituts" H. 1, 1954, S. 11 f.
21 Rahner, H.E.: Max Regers Choralfantasien, Kassel 1936
22 mitgeteilt in „Neues Max-Reger-Brevier", S. 19
23 Briefe S. 56
24 ebda, S. 83
25 Stein, F.: Max Reger, Potsdam 1939, S. 81
26 Briefe S. 33
27 ebda, S. 69
28 mitgeteilt in „Neues Max-Reger-Brevier", S. 39
29 ebda
30 „Neues Max-Reger-Brevier", S. 43
31 Poppen, H.: Max Reger, Wiesbaden 1947, S. 19
32 Kross, S.: Reger in seiner Zeit, Bonn 1973, Katalog der Max-Reger-Tage Bonn 1973, S. 10
33 Briefe S. 51
34 Briefe eines Thomaskantors, a.a.O. S. 236
35 Die Musik, IX. Jahrgang 1909/10, H. 16, S. 248
36 An A. Seidl in „Neues Max-Reger-Brevier", S. 45
37 An Lindner, Briefe S. 39

Anmerkungen

Die während des Vortrages von Tonband gespielten Musikbeispiele wurden folgenden Werken entnommen:

1 M. Reger: Aria aus der Suite a-moll op. 103A
2 J. S. Bach: Air aus der Suite Nr. 3 D-dur BWV 1068
3 M. Reger: Phantasie und Fuge über BACH, op. 46
4 M. Reger: Variationen und Fuge über ein Thema von J.S. Bach, op. 81
5 J. S. Bach: Fantasie für Orgel G-dur BWV 572
6 M. Reger: Präludium und Fuge für Violine solo (nach der Fantasie von J.S. Bach) op. 117 Nr. 5
7 M. Reger: Choralkantate „O Haupt vol Blut und Wunden", Werk ohne Opuszahl
8 M. Reger: 1. Satz der Suite im alten Stil für Violine und Klavier F-dur, op. 93

WOLFGANG STOCKMEIER

Karl Straube als Reger-Interpret

Nicolai Hartmann sagt in seiner „Ästhetik" einige Sätze über das Verhältnis des Interpreten zum Komponisten, die den Kern unseres Problems treffen. Ich zitiere: Die Musik ist „abhängig vom Spiel des Musikers. . . . Und die Realisation ist nicht mehr Werk des Komponisten, sondern des ausübenden Musikers. Dieser hat freie Hand in der Ausgestaltung zahlloser Einzelheiten der unwägbarsten Art, die sich im Notenblatt nicht schreiben lassen, an denen aber doch wesentlich die Gestaltung des Ganzen hängt. Er rückt zum Mitkomponisten auf und ist insofern nicht bloß ‚reproduzierender Künstler‘, sondern durchaus produktiv schaffender, nicht weniger als der Schauspieler im Schauspiel.

Der Komponist seinerseits bedarf des kongenialen Spiels. Der Musiker empfängt von ihm nur das Halbgeformte (noch relativ Allgemeine) und formt es zu Ende. Er erfüllt es mit Leben und Seele, so wie es ihm gemeint zu sein scheint . . .

Wohl aber gilt auch vom Tonwerk, daß es mit jeder Wiedergabe ein anderes wird. Die Auffassung des Musikers kommt jedesmal hinzu, und sie kann sehr persönlich-einmalig sein. Damit wird auch die Identität des Tonwerkes in gewissen Grenzen aufgegeben, wird auseinandergebrochen in die qualitative Verschiedenheit der Interpretationen." (1)

In diesem Sinne war Straube ein „Mitkomponist" Regers, ein Mitkomponist von zweifellos besonderem Rang, aber auch mit besonderen Eigenarten, die heute eine gewisse kritische Einstellung herauszufordern scheinen.

Aber um eine Abrechnung geht es mir nun in keiner Weise; ich möchte vielmehr durch Zusammentragen von Fakten die Voraussetzungen für ein sachliches Urteil schaffen.

Ich glaubte, Straube gerecht werden zu sollen, indem ich zweierlei tat: einerseits wollte ich die vorhandene Literatur über ihn und

Reger auswerten; andererseits wollte ich eine Anzahl von Straube-Schülern zu diesem Thema befragen. Das zuletzt genannte Unternehmen erwies sich zu meiner Enttäuschung als nicht sehr ergiebig. Was ich erfuhr, gehört zum Teil in den Bereich der Anekdote. Zum Teil wurden aber auch Äußerungen getan, die zu glauben ich mich leicht sträube. So soll Straube über bestimmte Sachverhalte, etwa über Fragen der Registrierung, seine Meinung fortwährend geändert haben. So soll er etwa auch — um eine andere Einzelheit zu nennen — gelegentlich einen Schüler aufgefordert haben, die Pedaltriller in der Halleluja-Fuge einfach wegzulassen. Sie gehören ja zugegebenermaßen zum Unangenehmsten, was Reger dem Organisten überhaupt zumutet — aber sie wegzulassen heißt doch die Substanz des Werkes angreifen.

Ein Straube-Schüler erklärte, es sei nicht möglich, über das hinaus, was in Straubes Briefen stehe, Aussagen zu unserem Thema zu machen. Nun ist aber das, was in den Briefen steht, längst nicht immer eindeutig und widerspruchsfrei. Ich werde also die Probleme, die mir vorhanden zu sein scheinen, zu benennen versuchen. Die Antworten auf zahlreiche Fragen dürften recht subjektiv ausfallen; letztlich muß jeder diese Fragen selbst beantworten.

Ein solches Fragenbündel stehe gleich am Anfang der Untersuchung: Gibt es die einzig zutreffende Reger-Interpretation? Ist etwas Derartiges überhaupt wünschenswert? Wo liegt die Grenze zwischen „richtiger", d. h. angemessener, und „falscher" Interpretation? (Hierbei könnte man übrigens den Namen Reger durch jeden beliebigen anderen ersetzen.)

Seit kurzem gibt es eine Schallplatte: Max Reger spielt eigene Orgelwerke. (2) Reger spielt hier eine Reihe von Stücken aus den opera 56, 59, 65, 67, 80 und 85. Es handelt sich vorwiegend um langsame Stücke. Beim Anhören der Platte wird durchaus die Feststellung Hermann Ungers verständlich, es sei seltsam, „den größten Orgelkomponisten nach Bach als ziemlich ungelenken Organisten bezeichnen zu müssen." (3) Besonders fällt bei dieser Platte die eigenartige Tempowahl auf. Es ist, je schneller die Tempi werden, eine wachsende Divergenz zwischen dem vorgeschriebenen und tatsächlich gewählten Tempo feststellbar: langsame Sätze spielt Reger durchaus nach seiner eigenen Vorschrift; in schnellen bleibt er hinter dem Vorgeschriebenen mehr und mehr zurück. So ist das Vivace assai aus dem Benedictus op. 59/9 in seiner eigenen Darstellung allenfalls ein Sostenuto. Der Verdacht ist nicht ganz von der Hand zu weisen, daß die Grenzen seines spieltechnischen Könnens den Komponisten zu dieser Temponahme nötigten. Dies gibt immerhin zu denken, wenn auch Reger selbst schrieb, ,,daß er seine Tempi in der Erregung des Schaffens zu schnell angebe." (4) In diesem Zusammenhang mag auch ein Satz zitiert werden, der das gleiche Problem von der anderen Seite beleuchtet, Regers Anmerkung zur Fuge der Klaviervariationen über ein Thema von Bach: ,,Ich bitte alle Metronomangaben als nicht strikte bindend anzusehen; doch dürften die Metronomangaben besonders bei den bewegten (schnellen) Variationen und hauptsächlich bei der Fuge, der ein breites Tempo immer gelegen sein wird, als die überhaupt höchstzulässigen Tempi in Bezug auf ,Schnelligkeit' gelten, wenn nicht der Vortrag auf Kosten der Deutlichkeit leiden soll." Demnach können langsame Stücke auch schneller gespielt werden, schnelle jedoch höchstens so schnell wie angegeben. Es ist also bei der Auseinandersetzung mit Regers Tempi deutlich zwischen langsamen und schnellen zu unterscheiden. Langsame können schneller gespielt werden, schnelle langsamer. Nirgends aber ist die Rede davon, daß langsame noch langsamer als angegeben auszuführen wären.

Nun zu Straube. Hans Klotz teilt mit, daß nach Straube Regers Metronomzahlen grundsätzlich um ein Drittel zu vermindern sind und daß Straube entsprechend auch die Tempovorschriften in ihrem Wortlaut geändert hat. (5) Tatsächlich vermindert Straube aber sehr oft Regers Tempi auf mehr als das Doppelte. So wird z. B. aus Regers Vorschrift ♩ = 56 zu Beginn der D-dur-Fuge op. 59/6 bei Straube ♪ = 92, d. h. also ♩ = 23. Dieses Vorgehen ist äußerst anfechtbar, zumal langsame und schnelle Tempi in gleicher Weise davon betroffen werden, sehr im Gegensatz zu Regers Absichten.

Straube hat seine Stellung zum Urtext in zahlreichen praktischen Ausgaben deutlich gemacht. Was hier zu finden ist, erregt beim Kenner des Originals oft Befremden. Hierbei denke ich nicht nur an Straubes Reger-Ausgaben, sondern etwa auch an seine zweibändige Liszt-Ausgabe, deren verheerende Verunstaltungen erst jetzt, nachdem die Urtext-Ausgabe Margittays zu erscheinen begonnen hat, in ihrem ganzen Ausmaß evident werden. Immerhin ist zu seiner Rechtfertigung zu betonen, daß er einen Herausgebertyp verkörpert, der seinerzeit aktuell war, der aber inzwischen fast völlig der Geschichte angehört. Man denke nur an vergleichbare Erscheinungen wie Busoni oder Ignaz Friedmann als Herausgeber der Klavierwerke Bachs, Liszts oder Chopins. Übrigens dürfte sich das Herausgeberideal in gleichem Maße gewandelt haben wie das Interpretenideal: man nimmt nicht mehr eine Komposition zum Anlaß, eigene An- und Absichten mitzuteilen; man benutzt sie nicht mehr als Mittel, sich mehr oder weniger bewußt selbst darzustellen.

Ich möchte Straubes Editions- und Interpretationsweise an einem allgemein bekannten Werk erläutern, an Regers Toccata d-moll aus op. 59. Straubes Ausgabe steht in dem nach 1910 bei Peters erschienenen Band „Präludien und Fugen für die Orgel von Max Reger, herausgegeben von Karl Straube".

Die dreiteilige Formanlage der Toccata wird bei Reger durch verschiedene Tempovorschriften unterstrichen: dem A—B—A' des formalen Ablaufs entsprechen die Angaben „Vivacissimo" — „Un poco meno mosso" — „Vivacissimo". In ihrer Substanz sind die Teile A und A' eng miteinander verwandt; ihre Dynamik spielt sich vorwiegend im Fortissimo-Bereich ab. Dynamik, Motivik und Tempo haben bei Reger also den Sinn, die klare Dreiteiligkeit erkennbar zu machen, Beziehungen herzustellen, dem Hörer den Gesamtablauf des Werkes leicht überschaubar zu präsentieren. Ausdrücklich vorgeschriebene Ritardandi gibt es am Ende des zweiten und dritten Teils, die Vorschrift „stringendo" begegnet dreimal im dritten Teil. Die Fermaten in der Toccata sind dreimal mit dem Zusatz „kurz" bzw. „sehr kurz" versehen, ein Beweis dafür, daß allzu behäbiges Sich-Ausruhen oder die allzu pathetische Interpretengeste nicht im Sinne des Komponisten liegt.

Ein Blick auf Straubes Ausgabe zeigt in diesen Bereichen eine völlig veränderte Situation. Straube läßt das Stück „vivace" beginnen mit dem Zusatz ♪ = 120. Die Akkorde im Anschluß an die Pedaltriolen tragen die neue Tempobezeichnung „Sostenuto ♪ = 84", die einstimmigen Manualtriolen wieder die Bezeichnung „Vivace". Regers

„Un poco meno mosso" über dem Mittelteil ersetzt Straube durch „Tranquillo ♪ = 60"; zusätzlich schreibt er zwei Takte später „Più tranquillo ♪ = 76" vor. Der dritte Teil beginnt wieder „vivace", verlangsamt sich aber bei den Arpeggien zum „Sostenuto". Was sich danach bei Straube — im Gegensatz zu Reger — abspielt, ist schon fast kriminell zu nennen. Bei Reger steht über den arpeggierten Akkorden „stringendo", bei Straube „ritenuto"; bei Straube fällt Regers Vorschrift „sehr kurz" über der Fermate weg; bei Reger steht über dem Zweiunddreißigstel-Lauf (und über der folgenden Stelle) „quasi Prestissimo assai", bei Straube unter dem Zweiunddreißigstel-Lauf „precipitante" und am Ende des gleichen Taktes noch „Sostenuto"; die folgende Stelle ist bei Reger „sempre stringendo" zu spielen, bei Straube „molto ritenuto". Der Dominantquintsextakkord bekommt bei Straube eine Fermate, bei Reger hat er keine (man denke an Regers förmliche Allergie gegenüber Fermaten in diesem Stück). Die folgenden Triolen, bei Reger „a tempo" (d. h. also vivacissimo) zu spielen, erhalten bei Straube die Tempovorschrift „Adagio ♪ = 66". Für die letzten drei Takte sieht Reger ein „Stringendo" vor, Straube nur ein „Più Andante ♪ = 80" mit gleich anschließendem „ritardando molto". Am Schluß der Toccata steht bei Reger „molto ritenuto", bei Straube „Grave ♪ = 48". Man darf bereits hierzu sagen, daß die straffe formale Gliederung der Toccata durch Straubes Eingriffe aufgeweicht und unkenntlich gemacht worden ist. Er hat sich offenbar von einer Einzelheit zur nächsten weitergegeben und dabei den Gesamtablauf völlig aus dem Blick verloren. Er hat — wenn man es mit aller Schärfe sagen will — das Stück mißverstanden.

Ähnliche Feststellungen wie in den Bereichen des Tempos und der Agogik lassen sich in den Bereichen der Dynamik und der Phrasierung treffen. Bei Reger bewegen sich die Teile A und A' fast ohne Ausnahme zwischen den Polen Fortissimo und Organo pleno, der Teil B unterhalb der Piano-Grenze. An die Stelle dieser großflächig konzipierten Dynamik tritt in den Teilen A und A' bei Straube eine reich gegliederte, zwischen p und fff ständig hin und her pendelnde Dynamik, die in Verbindung mit der quasi improvisatorischen Tempowahl aus der Toccata ein Mosaik macht und Regers erkennbare Bemühungen um die große Linie durch punktuelle Farbigkeit ersetzt.

Und noch im Mittelteil glaubt Straube sich von Reger unterscheiden zu sollen, indem er unter die Pianissimo-Grenze heruntergeht und die Crescendo- und Diminuendo-Gabeln um ein Geringes anders setzt.

Gelegentliche andersartige Verteilung der Manualstimmen auf die Manualsysteme, die nicht durch spieltechnische Veranlassung zu erklären ist, sichert der Ausgabe Straubes ein eigenes Aussehen gegenüber dem Regerschen Original. Zusätzliche, nicht unbedingt erforderliche Bögen und Betonungszeichen sind ein Beweis für Straubes Freude am Ornament, eine Freude übrigens, die sich auch auf seine Schüler fortgeerbt hat, wie man etwa an Matthaeis Pachelbel- und Praetorius-Ausgabe sehen kann. Es gibt darüber hinaus auch mehrfach Bögen, die in erklärtem Gegensatz zu denjenigen Regers stehen, etwa bei den gebrochenen Triolen-Akkorden im ersten Teil, die bei Reger volltaktig, bei Straube dagegen auftaktig phrasiert sind.

Was die Manualverteilung betrifft, so negiert Straube stellenweise bewußt den Willen Regers. Wenn dieser bei den genannten Triolen-Akkorden ausdrücklich vermerkt „sempre M. I", obwohl das nicht einmal nötig gewesen wäre, da es sich aus dem Vorangehenden ohnehin ergibt, dann muß ihm die Benutzung nur eines Manuals an dieser Stelle doch wohl besonders wichtig gewesen sein. Straube kümmert das nicht — er schreibt die Benutzung zweier Manuale vor.

Die genannten Unterschiede sind die wichtigsten, die sich aus dem Vergleich der beiden Ausgaben ergeben. Ich glaube nicht, daß man angesichts der hier auftretenden Gegensätze sagen kann, Straube habe Regers Absichten verdolmetscht — er hat vielmehr seine persönlichen Ansichten denen Regers entgegengesetzt. In einem Brief Straubes an Fritz Stein vom 29. November 1946 (6) ist von einer durch Oskar Söhngen angeregten musikwissenschaftlichen Ausgabe der Orgelwerke Regers die Rede, die Straube herausbringen sollte. Er versteht diese musikwissenschaftliche Ausgabe sogleich als praktische Ausgabe und fragt seinen Freund Stein und sich selbst in diesem Brief, ob die Zeit für eine derartige Ausgabe nicht schon vorüber sei. Ich bin sicher, daß die Vorwürfe, die sich heute mehr und mehr gegen Straube erheben, ihren Grund weniger darin haben, daß er als Interpret sehr freizügig mit dem Text umging. Sie richten sich wohl mehr gegen die Überheblichkeit, die darin liegt, daß er seine auf ihn persönlich zugeschnittenen Interpretationsvorschläge als praktische Ausgabe drucken ließ und ihnen damit den Anschein des Allgemeingültigen gab. Was muß in einem Menschen vorgehen, der es wagt, neben der Originalausgabe des Komponisten eine eigene vorzulegen, die offensichtlich besser sein soll und doch nur den Text in erbarmenswürdiger Weise verunstaltet?

Wenn er den Text für seinen eigenen Gebrauch zurechtmachte, tat er nur das, was jeder Interpret tut, wenn auch in recht extremer Art. Gerade an dieser Stelle muß auf einen merkwürdigen Widerspruch zwischen Wollen und Tun Straubes hingewiesen werden. Er schreibt am 15. November 1946 an Oskar Söhngen im Hinblick auf die geplante Reger-Ausgabe, daß die verwirrende Fülle der Vortragszeichen Regers gedeutet und vereinfacht werden müsse. (7) Daß es aber in Straubes Reger-Ausgaben um Deutung und Vereinfachung geht, darf niemand behaupten, der sich die Mühe des Vergleichens gemacht hat. Ich möchte sogar noch einen Schritt weitergehen und bei aller Verehrung der universalen geistigen Persönlichkeit Straubes leicht in Zweifel ziehen, ob er die Musik seines großen Freundes immer völlig in ihrer kompositorischen Struktur erfaßt hat. Auffälligerweise sind fast alle Urteile Straubes über Reger-Werke gefühls- und geschmacksbetont; sie dringen so gut wie nie in die Struktur ein. Muß man nicht nach dem vorgetragenen Vergleich seine Eingriffe in den Text als engagiertes Mißverstehen bezeichnen? Hat nicht vielleicht sein immer wieder von ihm eingestandenes schöpferisches Unvermögen Anteil an einer Fehlinterpretation wie der eben beschriebenen? Liegt nicht etwas Paradoxes darin, daß ein schöpferisch Unbegabter den vom Komponisten hervorragend bezeichneten Text „verbessern" will? Beruht nicht vielleicht die Achtung vor Straubes Leistung als Reger-Interpret auf falschen Voraussetzungen? Straube hat Reger entscheidend zum Durchbruch verholfen — bedeutet das aber, daß seine Interpretationsweise maßgeblich ist? Schließlich: ist es nicht sonderbar, wenn Straube Reimanns Eigenmächtigkeit im Umgang mit Bachscher Orgelmusik geißelt (8) und gleichzeitig selbst höchst eigenmächtig mit den verschiedensten Texten umgeht?

Übrigens ist bekannt, daß er beachtliche künstlerische Fehlurteile gefällt hat. Ich darf hinweisen auf seine verständnislosen Worte über das Requiem von Brahms, (9) ferner auf den mißlungenen Vergleich Regers mit Johann Nepomuk David. (10) Merkwürdig beurteilt er die Halleluja-Phantasie von Reger: weil sie formal fabelhaft gelungen ist, wird sie sogleich durch den Zusatz diskriminiert, es liege „ein Hauch von Routine und Technik" über ihr. (11) Worin diese vermeintliche Routine und Technik bestehen, dazu äußert er sich allerdings nicht. Die Morgenstern-Phantasie bezeichnet er als „nicht ganz geglückt", nachdem er selbst Reger zum Einschub der melismatischen Variation veranlaßt hat (12).

Ganz kurz muß hier die Frage aufgeworfen werden, was einen in künstlerischen Dingen so empfindlichen Menschen wie Reger zu seiner nachgiebigen Haltung gegenüber Straube veranlassen konnte, ja was ihn veranlassen konnte, ihn trotz seiner Eigenmächtigkeiten immer wieder zu loben. (13) Es ist dies wohl vor allen Dingen die Dankbarkeit dafür, daß Straube sich mit solchem Nachdruck für Regers Schaffen einsetzte. Wenn man in Regers Korrespondenz liest, mit welcher Besessenheit er darauf bedacht war, seine Werke anzubringen, (14) dann mußte ihm ein Mann vom Schlage Straubes wie ein Geschenk des Himmels erscheinen. Ich weiß von vielen heutigen Komponisten, daß sie froh sind, wenn ihre Stücke überhaupt gespielt werden, auch wenn sich die Interpreten gewisse Eigenmächtigkeiten erlauben. Ganz bestimmt ist das bei Reger nicht anders gewesen, wenn auch seine Nachgiebigkeit sicher nicht so weit ging wie etwa diejenige Bruckners, der sich mit wahrer Wonne seinen Interpreten unterordnete. (15) Regers Dankbarkeit veranlaßte ihn immerhin sogar, gegen seinen Willen, nur aus dem Gefühl der Verpflichtung gegenüber Straube heraus, für diesen ein Gelegenheitsopus zu schreiben, die Musik zum Festspiel „Castra vetera". (16) Wenn man weiß, wie kostbar dem Komponisten seine Zeit war, dann ermißt man die Größe des Opfers, das er Straube hier brachte. Die Dankbarkeit entwickelte sich nach und nach geradezu zur Abhängigkeit von dem überragenden Intellekt des Freundes. So sollte Straube ihm mehrfach Texte für Vokalkompositionen suchen; (17) so fragte er ihn gar nach geeigneten Titeln für die Sätze der Ballettsuite. (18)

Straubes große Bedeutung als Reger-Interpret liegt darin, daß er sich unentwegt für das Schaffen Regers einsetzte. Wenn er auch nicht der einzige war, der dies tat, so tat er es doch mit dem größten Nachdruck. Die allein zutreffende Reger-Interpretation gibt es sicher nicht. Es ist auch kaum wünschenswert, daß alle Interpreten gleich oder ähnlich spielen. Wohl aber gilt heute, daß man sich dem Originaltext verpflichtet fühlt. Straube tat dies nicht, wenngleich ihn die besten Absichten nach Maßgabe seiner Einsicht und der geschichtlichen Situation, in der er sich befand, leiteten. Nicht immer griff er so stark in die Substanz des Werkes ein wie bei der d-moll-Toccata; doch ist seine Haltung gegenüber dem Kunstwerk grundsätzlich eher die der Selbstdarstellung als die des werktreuen Dieners. Als Herausgeber und Interpret verkörpert er einen Typ, der endgültig der Vergangenheit angehört und den wir deshalb als verehrungswürdige geschichtliche Größe sine ira studio betrachten dürfen.

Literatur

1 N. Hartmann: Ästhetik, Berlin 1953, S. 123
2 EMI 1 C 053-28925
3 H. Unger: Max Reger, München 1921, S. 32
4 H. Klotz: Das Buch von der Orgel, Kassel [8]/1972, S. 159
5 ebda, 4/1953 S. 141 und 8/1972 S. 158 f — Es fällt die wesentlich vorsichtigere Formulierung in der achten Auflage auf.
6 K. Straube: Briefe eines Thomaskantors, hrsg. v. W. Gurlitt und H.O. Hudemann, Stuttgart 1952
7 Straube, a.a.O. S. 213
8 ebda, S. 9
9 ebda, S. 32
10 ebda, S. 153
11 ebda, S. 237
12 ebda, S. 236 f
13 Gewisse Stücke erschienen gar nicht im Urtext, sondern sogleich in Straubes Bearbeitung, z. B. die Introduktion, Passacaglia und Fuge op. 127.
14 Vgl. O. Schreiber: Max Reger/Briefe zwischen der Arbeit, Veröffentlichungen des Max-Reger-Instituts Elsa-Reger-Stiftung Bonn H. 3, Bonn 1956
15 P. Raabe: Wege zu Bruckner, Regensburg 1944, S. 167 f
16 E. Otto: Max Reger/Sinnbild einer Epoche, Wiesbaden 1957, S. 29
17 Straube: Briefe, a.a.O. S. 27; E. v. Hase-Koehler: Max Reger/Briefe eines deutschen Meisters, Leipzig 1928, S. 191, 216, 265
18 v. Hase-Koehler, a.a.O. S. 265

WERNER WALCKER-MAYER

Die Orgel der Reger-Zeit

Das mir gestellte Thema „Die Orgel der Reger-Zeit" möchte ich noch etwas ausdehnen, indem ich eine Episode aus der Nachkriegszeit einbeziehe und einen Ausblick auf die Gegenwart gebe.

Gleich vorweg kann gesagt werden, daß es keinerlei Beweise dafür gibt, ob Reger Orgeldispositionen entwarf und ob er auf den Orgelbau seiner Zeit einen direkten Einfluß ausübte. Da aber Reger doch immer wieder als Orgelspieler und Komponist mit Orgeln in Berührung kam, interessieren zuerst einmal die Orgeln, von denen nachgewiesen ist, daß er sie kannte. Ich habe davon die mir zugängigen Dispositionen zusammengestellt. Diese Dispositionen geben auch einen sehr guten Überblick über fast 90 Jahre Orgelbaugeschichte.
In seiner Wiesbadener Zeit hat Reger des öfteren auf der Marktkirchenorgel gespielt (Disposition 1)*. Die Orgel wurde in den Jahren 1857–1862 gebaut. In dieser Zeit komponierte er u. a. Opus 16. Interessant ist dabei, daß in dieser Komposition der Pedalumfang bis zum e' geht, während der Pedalumfang der Orgel nur bis zum d' ging. Bei Opus 52 wurde von Reger das Pedal bereits bis f' gefordert. Am Rande sei vermerkt, daß Bach bereits bei der F-dur-Toccata bis f' komponierte und daß es zu Bachs Zeiten mehrere Orgeln mit diesem Pedalumfang gab. Es wäre eine gesonderte Aufgabe, die Pedalumfänge in den verschiedenen Zeitepochen zu untersuchen, insbesondere im Zusammenhang mit der heute angestrebten Normierung des Orgelspieltisches.
Im Frühjahr 1898 spielte Straube drei Konzerte in der Paulskirche zu Frankfurt am Main (Disposition 2). Reger kam dazu von Wiesbaden

* Die Dispositionen finden sich am Ende dieses Beitrages.

herüber und lernte Straube dabei kennen. Von dieser Zeit an stammt die lebenslange Freundschaft zwischen beiden. Die Orgel der Paulskirche war eines der bedeutendsten Erstlingswerke von Eberhard-Friedrich Walcker. Er hat diese Disposition im Jahre 1826 nach dem Simplificationssystem von Abbé Vogler entworfen. Die Orgel wurde 1833 vollendet. Im Jahre 1899 wurde sie umgebaut und wesentlich verändert.

In seiner Jugendzeit spielte Reger die Orgel in St. Michael in Weiden (Disposition 3). Die Orgel wurde von dem Orgelbauer Weineck, Bayreuth, 1848 repariert und umgebaut. Diese Orgel wurde im Jahre 1902 abgebaut und durch eine neue von dem Orgelbauer Strebel, Nürnberg, ersetzt. Von Regers Gutachten ist nur der Begleitbrief erhalten geblieben. Das Gutachten selbst ging verloren.

Oscar Walcker baute im Jahre 1906 die Konzertorgel für das Königliche Odeon in München (Disposition 4). Die Orgel wurde zum ersten Mal von Karl Straube gespielt. Von Reger kamen dabei zwei größere Orgelkompositionen zur Vorführung, und zum Schluß wurde er begeistert auf das Podium gerufen. In einem ‚Beitrag zur Familienchronik' berichtet Oscar Walcker ausführlich über die Vorverhandlungen, bei denen Reger zugegen war. Das Wichtigste war dabei, daß die Orgel einen fahrbaren Spieltisch und damit elektrische Traktur bekam. Leider fehlen in diesen Aufzeichnungen jegliche Hinweise auf die Entstehung der Disposition. Meine 1965 vertretene Auffassung, Reger habe diese Disposition entworfen, ist — nachdem diese Aufzeichnungen gefunden worden sind — als nicht mehr richtig anzusehen. Die Odeonsorgel war die erste Orgel, die die Firma Walcker mit elektrischer Traktur baute, und es gab erhebliche Auseinandersetzungen innerhalb des Hauses wegen des sehr großen Risikos. Die Abnahme der Orgel gestaltete sich sehr einfach. Oscar Walcker berichtet in seinen Lebenserinnerungen (1) darüber: „Es erschienen Bussmeyer, Mottl und Reger; letzterer setzte sich an den Spieltisch, zog alle Register und griff mit allen Fingern in die Tasten. Schön war diese Musik allerdings nicht. Mottl kam zum Spieltisch: ‚Ja, mein lieber Reger, spielen Sie doch etwas Vernünftiges.' Reger erhob sich mit den Worten: ‚Ich verstehe so wenig wie Sie von der Orgel, ich schlage vor, wir trinken jetzt ein Glas Bier zusammen.' — Und damit war die Orgelabnahme beendet." Es soll dann anschließend noch sehr lustig gewesen sein.

Gleich nach der Fertigstellung der Orgel in St. Reinoldi zu Dortmund (Walcker Opus 1500, 1909) fand dort das Reger-Fest statt. Dieses Instrument war die erste große Orgel, welche nach den Prinzipien der deutsch-elsässischen Orgelreform konzipiert war. Zum ersten Mal wurde in Deutschland eine 5manualige Orgel gebaut, und nach französischem Muster wurden die drei horizontalen Zungen ins Bombardenwerk gelegt (Disposition 5).

Einige Jahre später war Reger bei der Einweihung der Michaeliskirche in Hamburg (Walcker Opus 1700, 1912). (Disposition 6). Bei dieser Gelegenheit wurde als Glanzstück des Orgelkonzertes die Fantasie und Fuge über B—A—C—H für Orgel in Hamburg erstaufgeführt. Oscar Walcker saß neben Reger und konnte ihn beobachten, mit welch lebhaftem Interesse er das Orgelspiel Sittards verfolgte. In seinen Erinnerungen (1) schrieb er dann darüber: „Bei dem anschließenden Essen sagte der Hauptpastor in seiner Tischrede u. a.: ‚Die Musik wird künftig in der Michaeliskirche mit der Predigt gleichberechtigt sein.' Max Reger hatte aufmerksam zugehört, stand auf und bemerkte launig: ‚Ich habe mit größtem Interesse diese Worte gehört; in einigen Jahren sollte man vielleicht einmal wieder darüber reden. Bisher habe ich das Empfinden gehabt, daß Orgel und Orgelmusik immer das fünfte Rad am Wagen der Kirche gewesen sind, manchmal aber auch den Eindruck, daß der Pfarrer das fünfte Rad am Wagen war.' Zuerst verlegenes Schweigen, dann große Heiterkeit waren der Erfolg dieser Rede." In dem Kirchenvorstand der Michaeliskirche befand sich Hans von Ohlendorff, der mit Reger sehr eng befreundet war und dem Reger bekanntlich mehrere Stücke widmete.

Paul Walcker, Inhaber der Firma W. Sauer, Frankfurt a. d. Oder, erbaute 1913 die Orgel für die Jahrhunderthalle in Breslau (Disposition 7). Reger komponierte für die Einweihung sein Opus 127 in e-moll.

Zum Schluß sei noch die Orgel im Schützenhaus in Meiningen erwähnt (Disposition 8). Die Orgel sollte zuerst bei der Firma Sauer bestellt werden. Da aber Sauer den Spieltisch nicht verstellbar machen konnte, wurde die Orgel wegen des Spieltisches bei der Firma Steinmeyer in Öttingen bestellt. Dies geht aus dem Schriftwechsel zwischen Reger und dem Herzog von Meiningen hervor. Er schrieb am 9. 3. 1913: „Ein verstellbarer Spieltisch ist das einzig Richtige bei der Orgel." Diese Orgel von Meiningen steht heute in Berlin-Haselhorst in der Weihnachtskirche. Dort konnte ich eine Kopie des Bestellschreibens Regers einsehen. Daraus geht hervor, daß Reger die Orgel wohl bestellt hat, aber keinerlei Vorschriften bezüglich der Dispositionen machte. Die Abnahme fand am 21. 2. 1914 statt. Das Abnahmegutachten schrieb Reger am 7. 11. 1914. Hier wird im letzten Satz ausdrücklich wieder vermerkt, „daß der verstellbare Spieltisch sich bestens bewährt habe". Es scheint also so zu sein, daß Reger den verstellbaren Spieltisch für sehr wichtig hielt; denn bereits bei der Odeonsorgel wurde ja ausdrücklich die Auftragserteilung davon abhängig gemacht, daß die Orgel mit einem beweglichen Spieltisch versehen wurde. Wahrscheinlich wollte Reger einen größeren Abstand zur Orgel haben und außerdem den Spieltischstandplatz individuell bestimmen.

Das einzige, aus dem man die Vorstellung Regers über die Orgel genauer erkennen kann, sind seine Registerangaben, welche er allerdings auch nur in spärlicher Weise machte. Sie erschöpfen sich meistens in Angaben der Fußzahlen, wobei offensichtlich additive Prinzipien vorherrschen. Genauere Registerangaben enthalten eigentlich nur die Frühwerke, z. B. Opus 27 — erste Ausgabe „Ein' feste Burg ist unser Gott". In den Spätwerken, z. B. Opus 127, weisen die Registerangaben auf eine ausgesparte Registrierung hin. Er weicht hier etwas vom additiven Prinzip ab. Daraus kann man schließen, daß er zu der Zeit oder für dieses bestimmte Stück eine aufgelichtetere, hellere Klangvorstellung hatte.

Eine sehr große Bedeutung für die Orgelmusik Regers hat der Registerschweller. Wo Reger seine größten Crescendi fordert, können diese in so kurzen Zeiträumen nur durch einen Registerschweller bewältigt werden. Da dies aber oft auch bei Doppelpedalstellen verlangt wird, ist dann zwangsläufig eine Hilfseinrichtung für den Registerschweller erforderlich. Diese Einrichtung wurde von dem Registranten betätigt. Es gab verschiedene Ausführungen, und zwar waren diese Einrichtungen alle außerhalb des Bereiches des Organisten. Die Crescendo-Einstellung konnte mit einem Handrad, einem Hebel, einer Walze oder einem Tritt vorgenommen werden. Nach dem Krieg sah ich in alten Orgeln an der Spieltischseite eine Zeigereinrichtung, die sehr leicht verstellbar war und eine größere Skala hatte. Auf dem Spieltisch der im Kriege verbrannten Stuttgarter Stiftskirchenorgel waren zwei Segmenttafeln als Crescendozeiger angebracht. (Ein typischer Fall für diese Doppelpedalstellen sind BACH- und Inferno-Fantasie.)

In Heft 2/1973 „Musik und Kirche" schrieb Hermann J. Busch einen wertvollen Beitrag über „Max Reger und die Orgel seiner Zeit". Er irrt aber, wenn er meint, Reger habe vor Vollendung von Opus 59 wahrscheinlich keinen Registerschweller gekannt und daß für die Orgelwerke bis Opus 59 die mechanische Orgel ohne Spielhilfen bestimmend war. Die Wiesbadener Orgel hatte bereits eine Crescendo-Vorrichtung. Eberhard-Friedrich Walcker schrieb im Jahre 1857 voller Stolz in das Opusbuch: „Außerdem habe ich noch ein Crescendo und Decrescendo inveniert, welches die Orgel eigentlich zum vollkommensten und großartigsten Instrument macht, erlaube ich mir auch noch, diese besondere Einrichtung vorzuschlagen." Daneben vermerkte er zusätzlich eine besondere Mechanik zur Bewerkstellung eines Crescendo und Decrescendo mit dem ganzen Werke. In den Aufzeichnungen Eberhard-Friedrich Walckers wird zum ersten Mal im Jahre 1839 bei der Stuttgarter Stiftskirchenorgel diese Crescendo-Einrichtung beschrieben. Es ist anzunehmen, daß mit der Erfindung der mechanischen Kegellade auch der mechanische Registerschweller entwickelt wurde. Im übrigen studierte Reger die Fantasie und den Choral „Wie schön leuchtet der Morgenstern" von Heinrich Reimann, gedruckt 1895. Darin ist der Registerschweller im Notentext mit den einzelnen Stationen ausführlich angegeben worden.

Für die Koppeln gibt Reger keine besonderen Angaben. Auch diese werden nur im Rahmen des dynamischen Prinzipes eingesetzt. Tutti und Organo pleno sind bei Reger identisch. Hierfür gibt es Angaben in der Introduktion und Passacaglia d-moll. Reger versteht darunter volles Werk mit allen Koppeln. Feste Kombinationen waren für Reger nicht wichtig. Wichtig aber sind alle fließenden Übergänge, Jalousieschweller dynamisch, Piano und Pianissimo.

Es ergibt sich nun die Frage: Gibt es überhaupt eine Reger- oder die Reger-Orgel? Soweit mit dieser Frage gemeint ist, daß Reger eine bestimmte Disposition oder ein bestimmtes Dispositionsprinzip entwarf, kann man mit Bestimmtheit sagen, daß es eine „Reger-Orgel" nicht gibt. Und trotzdem haben wir alle eine gewisse Vorstellung von einer „Reger-Orgel". Dies ist ein bestimmter Orgeltyp, der es eben ermöglicht, die von Reger komponierten Orgelstücke in der von ihm intendierten, sehr differenzierten Weise zu spielen, wobei fließende Übergänge und dynamische Abstufungen wichtig sind. Man wird vielleicht pauschal sagen: die „Reger-Orgel" ist die romantische Orgel. Aber dies ist deshalb nicht zutreffend, weil die vielen Beispiele zeigen, daß zu Regers Lebzeiten sehr verschiedenartige Orgeln gebaut wurden. Ich glaube, Reger hatte Klangbildvorstellungen, deren Realisierung nicht an einen bestimmten Orgeltyp gebunden ist. Der Begriff „Reger-Orgel" ist wahrscheinlich erst in den 30er und 40er Jahren entstanden.

II

Wenn man nach dem letzten Krieg von der „Reger-Orgel" sprach, so war dies ein Synonym für etwas Schlechtes, ja, ich möchte sogar sagen für das Schlechteste, was man sich überhaupt im Orgelbau vorstellen konnte. Den Höhepunkt stellte dann die Verdammung Regers durch den Frankfurter Organisten Helmut Walcha dar. — Man könnte mir nun vorhalten, es sei nicht nötig, diese alten Dinge aufzuwärmen; denn diese Episode sei überwunden, und schließlich habe ja das Reger-Verdikt genau das Gegenteil bewirkt von dem, was Walcha eigentlich hatte erreichen wollen. — Trotzdem bin ich der Meinung, daß — wenn man heute über Reger spricht — gerade diese Angelegenheit immer wieder in Erinnerung gerufen werden muß, weil sie zeigt, wohin Intoleranz und Ideologisierung führen. Es ist richtig, daß der Aufsatz Walchas einen gegenteiligen Effekt hatte. Aber man muß sich auch darüber im klaren sein, daß die Ideologie, die Walcha verbreitete bzw. repräsentierte, den gesamten Orgelbau der Nachkriegszeit so nachhaltig beeinflußte und immer noch beeinflußt, daß die Folgen auf Jahrzehnte hinaus nicht mehr reparabel waren und noch sind.

In seinem Aufsatz „Regers Orgelschaffen kritisch betrachtet", 1952 veröffentlicht in „Musik und Kirche", begründet Walcha, warum er aus dem Lehrplan seines Institutes das Orgelschaffen Max Regers gestrichen habe. Soweit es die Orgel angeht, bezieht er sich auf seinen ebenfalls in „Musik und Kirche" veröffentlichten Aufsatz aus dem Jahre 1938 „Das Gesetz der Orgel; ihre Begrenzung". Es wird hier in einer überschwenglichen Weise die Ideologie der Orgelbewegung vertreten. Walcha geht davon aus, daß die Orgel in ihrem Wesen ein polyphones Instrument sei. Wesensfremd sei die Übergangsdynamik. Die Orgel sei statisch, und alles, was dem entgegensteht, müsse abgelehnt werden. Er lehnt nicht nur Reger ab, sondern auch César Franck und die ganze Musik dieser Epoche. Das Ideal einer Orgel schwebt Walcha im Sinne der norddeutschen Barockorgel vor. Er lehnt den Jalousieschweller ab und bezeichnet den Rollschweller als die kulturloseste Entgleisung im deutschen Orgelbau. Ferner meint er, daß die Oktavierung nichts anderes sei als ausgespielte Oktavkopplungen.

Was man 1938 unter Polyphonie verstand, wird im Anschluß an den Aufsatz Walchas von Alfred Stier sehr ausführlich beschrieben (in derselben Zeitschrift S. 203 ff). Einige Einblendungen möchte ich mir nicht versagen, weil ja diese Schlagworte bis heute, wenn auch in einer im Blick auf unsere Zeit abgeänderten Form verbreitet werden. Ich zitiere: „Worin beruht das nordische Wesen der Polyphonie? Warum kann sie nur aus nordischem Geist erwachsen sein?" „In all diesem steckt dieselbe Erkenntnis: daß der germanisch-nordische Geist kein fesselloses Verströmen im Gefühl kennt — auch nicht in der Kunst —, sondern daß seine Kunst Sinndeutung der ewigen Ordnung des Alls zu sein strebt." „Das polyphone Kunstwerk zeigt uns in höchster Vollendung die Geburt der Gestaltung aus dem Ungestalteten (des Kosmos aus dem Chaos) und läßt uns damit jenes Gefühl der ‚gesetzmäßigen Ordnung', der sinnvollen Ordnung der Welt erleben." Und weiter: „Was gehen uns diese lateinischen Scharteken an."

Im Anschluß an den Reger-Aufsatz Walchas von 1952 ergab sich eine teilweise heftige Diskussion. Einige bemerkenswerte Ausschnitte möchte ich erwähnen. — Bornefeld sah die Freiheit gefährdet und nahm deshalb gegen Walcha Stellung. (2) Er meinte dann, Reger habe so schlecht disponierte Orgeln vorgefunden, daß ihm nichts anderes übrig blieb, als die fehlende Obertönigkeit durch Oktavierung zu ersetzen und den mulmigen Tonbrei durch eine pianistische Schreibweise aufzulockern. Erich Thienhaus (3) ging so weit zu sagen, Regers Kompositionen, die für den degenerierten orchesterimitierenden Orgeltyp der Jahrhundertwende geschrieben wurden, wären besser erst gar nicht geschrieben worden. Der Theologe Friedrich Hofmann schrieb über Reger (4): „In seiner Mutterkirche nicht mehr heimisch, dem selbst um Klärung ringenden Protestantismus jener Jahre aber auch nicht völlig zugehörig, muß er eine gewisse geistliche Heimatlosigkeit auch in seiner Kirchenmusik widerspiegeln ... Oder soll gerade das Orgelschaffen Regers nicht doch dazu dienen, der Virtuosität auch in der Kirche den ihr angeblich gebührenden Raum zu gewähren? Dann allerdings dürfte die Kirchenmusik sich selbst falsch verstanden haben. Darum möchte ich eher den Schluß aus der Auseinandersetzung über Regers Orgelschaffen ziehen: Die praktizierende Kirchenmusik sollte weitgehend auf ihn verzichten."

Walcha nahm eigentlich Reger nur zum Anlaß, um eine ganze Musikepoche, nämlich die Orgelromantik, auszuschalten. Da Walcha für viele sprach, die auch heute noch Rang, Namen und Einfluß haben, sollte man dies alles nicht so schnell vergessen. Man muß sich auch darüber im klaren sein, daß es noch viele für die Kirchenmusik verantwortliche Personen gibt, die einfach die Orgel des 17. Jahrhunderts als das Ideal betrachten und alles, was danach kam, ablehnen.

III

Zum Schluß möchte ich den Blick in die Gegenwart lenken. Nachdem man in den 50er Jahren vergeblich versucht hat, die Orgelmusik Regers und die gesamte Orgelromantik auszuschalten, besteht heute die Gefahr, diese Stilepoche überzubewerten. Dies wäre genauso falsch wie die Bemühungen, Reger in irgendeiner Form in die Orgelbewegung einzubeziehen. Betrachten wir die wesentlichen Unterschiede zwischen Regers Orgelkunst und der Orgelbewegung, so sehen wir auf der einen Seite die sehr deutlichen expressionistischen Tendenzen, die besonders bei Regers Orgelwerken in der mittleren Schaffensperiode vorhanden sind. Das Wesen des Expressionismus ist eine grundsätzliche Abkehr von den bis dahin geltenden ästhetischen Normen, ein neuartiges Wissenwollen und ein neues Eindringen in den Kern der Dinge. Eng mit diesem Denken verbunden sind der Wunsch und der Wille, die bekannten musikalischen Grenzen weiter auszudehnen. So ist z. B. Reger mit seinen häufigen Modulationsprozessen im Rahmen der tonalen Ordnung bis an die Grenzen der Atonalität vorgestoßen. Auf der anderen Seite steht eine impressionistische Anschauung, die die Welt der Erscheinungen mit einer irrealen Aura verschleiert (5).

Selbstverständlich kann man heute nicht mehr von Impressionismus oder Expressionismus reden. Aber in der geistigen Einstellung zu diesen Fragen gibt es sehr große Ähnlichkeiten. Für heute und für die nächste Zukunft ist es wichtig, daß wir nicht nur im Bewährten der Vergangenheit das Richtige und Gute sehen, sondern daß wir den Mut zum Neuen haben. Die Urquelle der Kunst ist das Suchen nach neuen Formen und neuen schöpferischen Gedanken. Wir müssen daraus die Hoffnung schöpfen und ableiten, daß es auch in der Orgel- und Kirchenmusik weitergeht. — Um neue Wege zu finden, werden viele Experimente notwendig werden. Entsprechend der immer mehr sich abzeichnenden pluralistischen Auffassung wird für viele Meinungen und Möglichkeiten Platz sein; eine Norm im früheren Sinn wird es nicht mehr geben.

Wenn wir uns also heute aus Anlaß des 100. Geburtstages an Reger erinnern, so kann damit nur die Mahnung verbunden sein, durch Forschung, Fleiß, Energie und Ausdauer Neuland zu erschließen, so wie Reger in seiner Zeit auf alten Traditionen aufbauend Neues geschaffen hat.

Literatur

1 siehe Oscar Walcker, „Lebenserinnerungen", Kassel 1948, S. 93 ff
2 Musik und Kirche, Kassel 1952, S. 49 ff
3 ebda, S. 104 ff
4 Musik und Kirche, 1952, S. 102 ff
5 siehe auch Josef Häusler, „Musik im 20. Jahrhundert", Bremen, 1969, S. 14

Disposition 1

I. Manual C–f''' 54 Töne

1. Principal 16'
2. Bourdon 16'
3. Principal 8'
4. Gemshorn 8'
5. Viola di Gamba 8'
6. Gedeckt 8'
7. Doppelflöte 8'
8. Quinte 5⅓'
9. Octave 4'
10. Salicional 4'
11. Gemshorn 4'
12. Quinte 2⅔'
13. Waldflöte 2'
14. Mixtur, 2' 5fach
15. Scharff 1⅓ fach
16. Fagott 16'
17. Trompete 8'
18. Clarinette 8' (einschlagend)
19. Clarine 4' (aufschlagend)

II. Manual C–f''' 54 Töne
— Schwellwerk —

20. Gedeckt 16'
21. Principal 8'
22. Flöte 8'
23. Gedeckt 8'
24. Salicional 8'
25. Octav 4'
26. Flûte d'amour 4'
27. Rohrflöte 4'
28. Quinte 2⅔'
29. Octav 2'
30. Mixtur 2' 4fach
31. Corno 8'
32. Vox humana 8' (einschlagend)

III. Manual C–f''' 54 Töne

33. Geigenprincipal 8'
34. Aeoline 8'
35. Dolce 8'
36. Gedeckt 8' (doppellabiiert)
37. Traversflöte 4'
38. Spitzflöte 4'
39. Waldflöte 2'
40. Fagott 8' und Oboe 8' (schwellbar)

Pedal C–d' 27 Töne

41. Grand Bourdon 32'
42. Principal 16'
43. Subbaß 16'
44. Violonbaß 16'
45. Quintbaß 10⅔'
46. Oktavbaß 8'
47. Violoncello 8'
48. Gedecktbaß 8'
49. Aeoline 8'
50. Flötenbaß 4'
51. Posaunenbaß 16'
52. Trompete 8'
53. Cornettino 4' (aufschlagend)

mechanische Kegelladen*)

Spielhilfen: pneumatischer Heber, daß die Spielart leicht geht
3 Kopplungen
4 Kollektivzüge (Pianissimo, Piano, Forte und volles Werk) Crescendo und Decrescendo

---

*) Im Jahre 1842 baute Eberhard-Friedrich Walcker als Opus 35 seine erste Orgel mit Kegelladen, und zwar nach dem Ort Kegel in der Nähe von Reval in Estland. Wahrscheinlich stammt auch hier der Name „Kegelladen" her.

Disposition 2

I. Manual C–f''''

1. Manual-Untersatz 32' ab c°
2. Principal 16'
3. Flauto major 16'
4. Tuba fagott 16'
5. Viola major 16'
6. Groß-Octav 8'
7. Gemshorn 8'
8. Jubalflöte 8'
9. Viola di Gamba 8'
10. Trompete 8'
11. Octav 4'
12. Fugara 4'
13. Hohlflöte 4'
14. Octav 2'
15. Waldflöte 2'
16. Super-Octav 1'
17. Quint $2^2/_3$'
18. Quint $5^1/_3$'
19. Cornet $10^2/_3$' 5fach
20. Terz $3^1/_5$'
21. Terz $1^3/_5$'
22. Scharff 1' 4fach
23. Mixtur 2' 5fach

II. Manual C–f'''

1. Bourdon 16'
2. Principal 8'
3. Salicional 8'
4. Dolce 8'
5. Gedeckt 8'
6. Quintatön 8'
7. Vox humana 8' extra Schwellvorrichtung
8. Posaune 8'
9. Octav 4'
10. Flauto travers 4'
11. Rohrflöte 4'
12. Octav 2'
13. Quintflöte $5^1/_3$'
14. Gemshorn-Quint $2^2/_3$'
15. Mixtur 2' 3fach

III. Manual C–f''' Schwellwerk

1. Quintatön 16'
2. Principal 8'
3. Liebl. Gedeckt 8'
4. Hohlflöte 8'
5. Bifra 8'
6. Hautbois 8'
7. Harmonika 8'
8. Physharmonika 8'
9. Dolcissimo 4'
10. Spitzflöte 4'
11. Flûte d'amour 4'
12. Klein-Gedeckt 4'
13. Flautino 2'
14. Nasard $2^2/_3$'
Tremulant

I. Pedal C–d'

1. Subbaß 32'
2. Contrabaß 32'
3. Groß-Octav 16'
4. Principal 16'
5. Violon 16'
6. Posaune 16'
7. Octav 8'
8. Violoncello 8'
9. Trompete 8'
10. Octav 4'
11. Clairon 4'
12. Cornettino 2'
13. Quint $10^2/_3$'
14. Terz $6^2/_5$'
15. Quint $5^1/_3$'

II. Pedal C–d'

1. Gedeckt 16'
2. Violon 16'
3. Fagott 16'
4. Flötenbaß 8'
5. Principal 8'
6. Flöte 4'
7. Waldflöte 2'

Schleifladen

Nebenzüge und Koppeln:

Sperrventil für I. Manual
Sperrventil für II. Manual
Sperrventil für III. Manual
Sperrventil für I. Pedal
Sperrventil für II. Pedal

Koppel I zu Pedal I
Koppel II zu Pedal II
Koppel II Manual zum I. Manual
Koppel III Manual zum II. Manual

Disposition 3

Hauptwerk
1. Principal 8' (Prosp.)
2. Amorosa 8'
3. Gamba 8'
4. Gedackt 8'
5. Quint 5 $^1/_3$ '
6. Oktav 4'
7. Gedackt 4'
8. Oktav 2'
9. Mixtur 2' 4fach

Oberwerk
10. Flöte travers 8'
11. Salicional 8'
12. Fugara 4'
13. Gedackt 4'

Pedal
14. Subbaß 16'
15. Oktavbaß 8'

eine Manualschiebekoppel Oberwerk/Hauptwerk, Pedalkoppel

nach dem Umbau 1902 durch den Orgelbaumeister Johannes Strebel, Nürnberg.

I. Manual – Hauptwerk

1. Bordun 16'
2. Prinzipal 8'
3. Salicional 8'
4. Doppelflöte 8'
5. Gamba 8'
6. Gedackt 8'
7. Oktav 4'
8. Rohrflöte 4'
9. Oktav 2'
10. Mixtur 2$^2/_3$' 4fach
11. Trompete 8'

II. Manual – Oberwerk

12. Geigenprinzipal 8'

13. Flauto amabile 8'
14. Dolce 8'
15. Aeoline 8'
16. Vox celeste 8'
17. Fugara 4'
18. Traversflöte 4'

Pedal
19. Subbaß 16'
20. Violon 16'
21. Oktavbaß 8'
22. Cello 8'
23. Posaune 16'

Suboktavkoppel, Superoktavkoppel, Manualkoppel, Pedalkoppel I und II — alle nur als Zugregister. Traktur - pneumatisch. Kollektivdruckknöpfe: p, mf, F, FF, Tutti

Disposition 4

I. Manual (C–a''' 58 Noten):
1. Prinzipal 16'
2. Fagott 16'
3. Prinzipal 8'
4. Viola di Gamba 8'
5. Doppelflöte 8'
6. Bourdon 8'
7. Flûte Octaviante 8'
8. Gemshorn 8'
9. Dulciana 8'
10. Nachthorn 8'
11. Oktav 4'
12. Rohrflöte 4'
13. Violine 4'
14. Waldflöte 2'
15. Mixtur 5fach 4'
16. Kornett 3–5fach 8'
17. Trompete 8'
18. Clarino 4'

II. Manual (C–a''' 58 Noten) Schwellwerk
19. Bourdon 16'
20. Prinzipal 8'
21. Hohlflöte 8'
22. Fugara 8'
23. Quintatoen 8'
24. Salizional 8'
25. Konzertflöte 8'
26. Dolce 8'
27. Unda maris 8'
28. Prinzipal 4'
29. Traversflöte 4'
30. Viola d'Amour 4'
31. Flautino 2'
32. Mixtur 3fach $2\frac{2}{3}$'
33. Rauschquinte $2\frac{2}{3}$' und 2'
34. Trompette Harm. 8'
35. Klarinette 8'

III. Manual (C–a''' 58 Noten) Echowerk
36. Lieblich Gedackt 16'
37. Gegenprinzipal 8'
38. Bourdon 8'
39. Wienerflöte 8'
40. Echo Gamba 8'
41. Spitzflöte 8'
42. Aeoline 8'
43. Voix Céleste 8'
44. Fugara 4'
45. Salizet 4'
46. Gemshorn 4'
47. Pikkolo 2'
48. Zymbel 3fach 2'
49. Sesquialtera $2\frac{2}{3}$' und $1\frac{3}{5}$'
50. Oboe 8'
51. Horn 8'
52. Vox Humana 8'

Pedal (C–f' 30 Noten):
53. Grand Bourdon 32'
54. Prinzipalbaß 16'
55. Violonbaß 16'
56. Subbaß 16'
57. Gedektbaß 16'
58. Sanftbaß 8'
59. Oktavbaß 8'
60. Violoncellobaß 8'
61. Oktav 4'
62. Kornett 3fach 8'
63. Posaunenbaß 16'
64. Tuba 8'

Koppeln und Nebenzüge:
65. Koppel III. Man. zum II. Man.
66. Koppel II. Man. zum I. Man.
67. Koppel III. Man. zum I. Man.
68. Koppel I. Man. zum Pedal
69. Koppel II. Man. zum Pedal
70. Koppel III. Man. zum Pedal
71. Superoktavkoppel I. Man.
72. Suboktavkoppel II. Manual zum I. Manual
73. Kollektivdrücker für Tutti und Koppeln

74. Kollektivdrücker für Fortissimo ohne Manualkoppeln
75. Kollektivdrücker für Forte
76. Kollektivdrücker für Mezzoforte
77. Auslöser der Zungenstimmen
78. — 80. Drei freie Kombinationen für alle Register
81. Rollschweller fürs ganze Werk
82. Auslöser d. Rollschwellers
83. Auslöser der Handregistrierung
84. — 85. Zwei Pianopedaltasten fürs II. und III. Manual
86. Schwelltritt für sämtliche Register des III. Manuals
87. Schwelltritt für sämtliche Register des II. Manuals
88. Zifferblatt f. Rollschweller
89. Windzeiger
90. Kalkantenglocke

Disposition 5

Hauptwerk: C–a''' 58 Noten
1. Prinzipal {Baß / Disk.} 16'
2. Bourdon {Baß / Disk.} 16'
3. Prinzipal 8'
4. Hohlflöte 8'
5. Viola di Gamba 8'
6. Gemshorn 8'
7. Bourdon 8'
8. Dulciana 8'
9. Quintatön 8'
10. Oktave 4'
11. Rohrflöte 4'
12. Quinte 2$\frac{2}{3}$'
13. Oktave 2'
14. Mixtur 4fach 2'
15. Cornett 3–5fach 8'
16. Cymbel 4fach $\frac{2}{3}$'
17. Bombarde 16'
18. Trompete 8'
19. Clairon 4'

Positiv: C–a''' 58 Noten
20. Rohrflöten {Baß / Disk.} 16'
21. Flötenprinzipal 8'
22. Flûte harmonique 8'
23. Salicional 8'
24. Nachthorn 8'
25. Unda Maris 8'
26. Fugara 4'

27. Flauto dolce 4'
28. Quinte 2$\frac{2}{3}$'
29. Flautino 2'
30. Mixtur 4fach 1$\frac{1}{3}$'
31. Bassethorn 8'
32. Basson 8'
33. Glockenspiel

Schwellwerk: C–a''' 58 Noten
34. Bourdon {Baß / Disk.} 16'
35. Hornprinzipal 8'
36. Traversflöte 8'
37. Lieblich Gedeckt 8'
38. Gambe 8'
39. Aeoline 8'
40. Voix celeste 8'
41. Prinzipal 4'
42. Flûte octaviante 4'
43. Salicet 4'
44. Quinte 2$\frac{2}{3}$'
45. Flageolet 2'
46. Terz 1$\frac{3}{5}$'
47. Superquinte 1$\frac{1}{3}$'
48. Septime 1$\frac{1}{7}$'
49. Piccolo 1'
50. Mixtur 5fach 2$\frac{2}{3}$'
51. Basson 16'
52. Trompete 8'
53. Oboe 8'
54. Clairon harmonique 4'

Solowerk: C–a''' 58 Noten
55. Bourdon {Baß / Disk.} 16'
56. Synthematophon 8'
57. Fugara 8'
58. Hornflöte 8'
59. Geigenprinzipal 4'
60. Quinte 5 1/3'
61. Terz 3 1/5'
62. Nasard 2 2/3'
63. Septime 2 2/7'
64. Doublette 2'
65. Groß-Cornett 1–8fach 8'
66. Tuba Magna 16'
67. Tuba Mirabilis 8'   {in horiz. Lage}
68. Cor harmonique 4'
69. Trompete 8'
70. Clarinette 8'

Echowerk: C–a''' 58 Noten
71. Quintatön {Baß / Disk.} 16'
72. Prinzipal 8'
73. Viola 8'
74. Vox Angelica 8'
75. Bourdon Doux 8'
76. Gemshorn 4'
77. Flautino 2'
78. Nasard 2 2/3'
79. Larigot 1 1/3'
80. Flageolet 1'

81. Cornett-Mixtur 4fach 2 2/3'
82. Vox humana 8'
83. Trompete 8'
    Tremolo fürs Echowerk

Pedal: C–f' 30 Noten
84. Contra-Prinzipalbaß 32'
85. Subbaß 16'
86. Prinzipalbaß 16'
87. Contrabaß 16'
88. Salicetbaß 16'
89. Quintbaß 10 2/3'
90. Violon 8'
91. Bourdon 8'
92. Terz 6 2/5'
93. Quinte 5 1/3'
94. Septime 4 4/7'
95. Prinzipalflöte 4'
96. Cornettbaß 4fach 8'
97. Contraposaune 32'
98. Posaune 16'
99. Trompete 8'
100. Donner

Schwell-Pedal:
101. Bourdon 16'
102. Baßflöte 8'
103. Cello 8'
104. Basson 16'
105. Clairon 4'

Koppeln und Nebenzüge
1. Koppel Schwell zum Positiv
2. Koppel Solo zum Schwell
3. Koppel Solo zum Positiv
4. Koppel Echo zum Positiv
5. Koppel Echo zum Hauptwerk
6. Koppel Echo zum Pedal
7. Koppel Positiv zum Hauptwerk ⎫
8. Koppel Schwell zum Hauptwerk ⎪
9. Koppel Solo zum Hauptwerk   ⎪
10. Koppel Hauptwerk zum Pedal   ⎬ Doppel-wirkung
11. Koppel Positiv zum Pedal   ⎪
12. Koppel Schwell zum Pedal   ⎪
13. Koppel Solo zum Pedal   ⎭

14. Superoktavkoppel für Pedal
15. Melodiekoppel vom Hauptwerk ins Schwellwerk wirkend
16. Superoktavk. Solo z. Hauptwerk
17. Suboktavk. Solo z. Hauptwerk
18. Superoktavk. Schwell z. Hauptwerk
19. Suboktavk. Schwell z. Hauptwerk
20. Superoktavkoppel Echo
21. Suboktavkoppel Echo
22. Superoktavkoppel Solo
23. Suboktavkoppel Solo
24. /25. Zwei freie Kombinationen für alle Register u. Koppelungen
26. Kollektivdrücker f. Tutti (Doppelwirkung)
27. Auslöser f. Tutti
28. Normalkoppeln
29. Mezzoforte
30. Labialforte
31. Labial-Tutti
32. Zungen-Tutti
33. Handregistrierung "ab"
34. Zungenstimmen "ab"
35. 16' Stimmen "ab"
36. Tritt für Einführungsst. Hauptwerk
37. Tritt für Einführungsst. Positiv
38. Tritt für Einführungsst. Schwellwerk
39. Tritt für Einführungsst. Solowerk
40. Tritt für Einführungsst. Pedal
41. Tritt für Einführungsst. d. ganz. Werk
42. Einführungstritt für das Hauptwerk
43. Generalcrescendo und Decrescendo
44. Crescendo u. Decresc. "ab"
45. Autom. Cresc. u. Decresc.-Vorrichtung
46. Schwelltritt z. Schwellk. fürs Schwellwerk mit Zeiger
47. Schwelltritt z. Schwellk. fürs Solowerk
48. 2 Schwelltritte z. Schwellkasten fürs Echowerk
49. Automat. Pianopedal f. d. ganze Orgel mit Ausnahme vom Echowerk

Disposition 6

I. Manual C–c'''' = 61 Töne

1. Oktave 16'
2. Prinzipal 16'
3. Großgedackt 16'
4. Oktave 8'
5. Prinzipal 8'
6. Schweizerpfeife 8'
7. Gemshorn 8'
8. Dulcian 8'
9. Grobgedackt 8'
10. Doppelflöte 8'
11. Konzertflöte 8'
12. Oktave 4'
13. Prinzipal 4'
14. Gemshorn 4'
15. Orchesterflöte 4'
16. Quintatön 4'
17. Oktave 2'
18. Quinte $5\frac{1}{3}$'
19. Quinte $2\frac{2}{3}$'
20. Kornett 8' 4–5fach
21. Großmixtur 7fach
22. Cymbel 3fach
23. Posaune 16'
24. Trompete 8'
25. Klarine 4'

II. Manual C–c''' ' = 61 Töne

26. Rohrgedackt 16'
27. Prästant 8'
28. Metallprinzipal 8'
29. Gambe 8'
30. Bordun 8'
31. Nachthorn 8'
32. Hohlflöte 8'
33. Spitzflöte 8'
34. Rohrflöte 8'
35. Oktave 4'
36. Prästant 4'
37. Viola 4'
38. Rohrflöte 4'
39. Spitzflöte 4'
40. Gemshornquinte 2$\tfrac{2}{3}$'
41. Terz 1$\tfrac{3}{5}$'
42. Septime 1$\tfrac{1}{7}$'
43. Fugara 2'
44. Feldflöte 2'
45. Kornettmixtur 4– 6fach
46. Scharff 2' 3– 4fach
47. Bassethorn 16'
48. Flügelhorn 8'
49. Krummhorn 8'
50. Englisch Horn 4'
51. Glockenspiel

III. Manual – Schwellwerk
C–c''' '' = 61 Töne

52. Gambe 16'
53. Lieblich Gedackt 16'
54. Schwellprinzipal 8'
55. Geigenprinzipal 8'
56. Gemshorn 8'
57. Aeoline 8'
58. Vox celestis 8'
59. Gedackt 8'
60. Quintatön 8'
61. Portunalflöte 8'
62. Oktave 4'
63. Fugara 4'
64. Liebesgeige 4'

65. Querflöte 4'
66. Oktave 2'
67. Rauschpfeife 2' + 2$\tfrac{2}{3}$'
68. Großkornett 3– 7fach
69. Mixtur 5fach
70. Helikon 16'
71. Tuba Mirabilis 8'
72. Horn 8'
73. Oboe 8'
74. Hohe Trompete 4'
75. Klarine 2'

IV. Manual – Schwellwerk
C–c''' '' = 61 Töne

76. Bordun 16'
77. Nachthorn 16'
78. Synthematophon 8'
79. Prinzipal 8'
80. Viola 8'
81. Salizional 8'
82. Unda Maris 8'
83. Doppelgedackt 8'
84. Jubalflöte 8'
85. Deutsche Flöte 8'
86. Kleinprinzipal 4'
87. Oktavflöte 4'
88. Orchestergeige 4'
89. Kleingedackt 4'
90. Waldflöte 2'
91. Sifflöte 1'
92. Nasat 2$\tfrac{2}{3}$'
93. Gemshornterz 1$\tfrac{3}{5}$ '
94. Kleinkornett 4' 3– 4fach
95. Mixtur 5fach
96. Cymbel 4fach
97. Sesqualter 5$\tfrac{1}{3}$' + 3$\tfrac{1}{5}$ '
98. Fagott 16'
99. Solotrompete 8'
100. Klarinette 8'
101. Vox humana 8'
102. Soloklarine 4'
103. Glockenspiel

V. Manual — Fernwerk
C—c''' '' = 73 Töne

104. Quintatön 16'
105. Prinzipal 8'
106. Fugara 8'
107. Echogambe 8'
108. Vox Angelica 8'
109. Gemshorn 8'
110. Bordun 8'
111. Hornflöte 8'
112. Oktave 4'
113. Gemshorn 4'
114. Bauernflöte 2'
115. Quinte $2\frac{2}{3}$'
116. Glockenton 4fach
117. Mixtur 4fach
118. Trompete 8'
119. Vox humana 8'
120. Schalmei 4'

Pedal im V. Manual
C—g' = 32 Töne

121. Kontraharmonikabaß 32'
122. Subbaß III, gedeckt 16'
123. Subbaß IV, offen 16'
124. Geigenbaß II 8'
125. Posaune 16' Schwebung 5. Manual

Pedal C—g' = 32 Töne

126. Großprinzipalbaß 32'
127. Großgedacktbaß 32' Untersatz 32' kombiniert
128. Prinzipalbaß 16'
129. Kontrabaß 16'
130. Geigenbaß 16' Schweller IV. Manual
131. Gemshornbaß 16'

132. Salizetbaß 16' Schweller IV. Manual
133. Subbaß I 16'
134. Subbaß II 16' Schweller IV. Manual
135. Gedacktbaß 16'
136. Flötenbaß 16'
137. Rohrflöte 16' Schweller III. Manual
138. Oktave 8'
139. Prinzipal 8' Schweller III. Manual
140. Cello 8'
141. Geigenbaß I 8' Schweller IV. Manual
142. Gedackt 8' Schweller IV. Manual
143. Baßflöte 8' Schweller III. Manual
144. Rohrquinte $10\frac{2}{3}$'
145. Terz $6\frac{2}{5}$'
146. Quinte $5\frac{1}{3}$' Schweller IV. Manual
147. Terz $3\frac{1}{5}$'
148. Septime $2\frac{2}{7}$'
149. Oktave 4'
150. Choralbaß 4' Schweller IV. Manual
151. Violine 4' Schweller III. Manual
152. Oktave 2'
153. Salizet 2'
154. Flachflöte 1'
155. Kornett 16' 4fach Schweller IV. Manual
156. Mixtur 6fach
157. Bombarde 32'
158. Baß Tuba 16'
159. Posaune 16'
160. Tuba 8'
161. Trompete 8'
162. Klarine 4'
163. Horn 4' Schweller IV. Manual

Nebenzüge:

1./2.	Koppel II. Manual z. I. Manual	
3./4.	Koppel III. Manual z. I. Manual	
5./6.	Koppel IV. Manual z. I. Manual	
7./8.	Koppel V. Manual z. I. Manual	
9./10.	Koppel III. Manual z. II. Manual	
11./12.	Koppel IV. Manual z. II. Manual	als Druckknopf
13./14.	Koppel IV,. Manual z. III. Manual	und als Tritt
15./16.	Koppel I. Manual z. Pedal	
17./18.	Koppel II. Manual z. Pedal	
19./20.	Koppel III. Manual z. Pedal	
21./22.	Koppel IV. Manual z. Pedal	
23./24.	Koppel V. Manual z. Pedal	
25.	Oberoktavkoppel III. Manual	
26.	Unteroktavkoppel III. Manual	
27.	Oberoktavkoppel IV. Manual	
28.	Unteroktavkopppel IV. Manual	
29.	Oberoktavkoppel V. Manual	
30.	Unteroktavkoppel V. Manual	
31.	Oberoktavkoppel III/I. Manual	
32.	Unteroktavkoppel III./I. Manual	
33.	Oberoktavkoppel IV./I. Manual	
34.	Unteroktavkoppel IV./I. Manual	
35.	Oberoktavkoppel III. Manual/Pedal	
36.	Oberoktavkoppel IV. Manual/Pedal	
37.	Oberoktavkoppel V. Manual/Pedal	
38./39.	Gesamtkoppel als Druckknopf und Registerzug	
40.	Melodiekoppel I. Manual	
41./52.	12 Auslöser der Manual-Pedal-Koppeln aus der Walze	
53./56.	4 freie Gruppen für alle Register und Koppeln	
57./58.	Gruppenzug f. Piano	
59./60.	Gruppenzug f. Mezzoforte	als Druckknopf
61./62.	Gruppenzug f. Forte	und als Tritt
63./64.	Gruppenzug f. Fortissimo	in gegen- und
65./66.	Gruppenzug f. volles Werk	wechselseitiger
67./68.	Gruppenzug f. Flötenchor	Wirkung
60./70.	Gruppenzug f. Rohrwerkchor	
71./72.	Auslöser für feste und freie Gruppen	
73.	Gruppenzug für Piano	
74.	Gruppenzug für Forte	I. Manual
75.	Gruppenzug für Fortissimo	
76.	Gruppenzug für Piano	
77.	Gruppenzug für Forte	II. Manual
78.	Gruppenzug für Fortissimo	

79.	Gruppenzug für Piano	
80.	Gruppenzug für Forte	III. Manual
81.	Gruppenzug für Fortissimo	
82.	Gruppenzug für Piano	
83.	Gruppenzug für Forte	IV. Manual
84.	Gruppenzug für Fortissimo	
85.	Auslöser für das I. Manual	
86.	Auslöser für das II. Manual	feste Gruppen
87.	Auslöser für das III. Manual	
88.	Auslöser für das IV. Manual	
89.	Fernwerk voll	
90.	Gruppenzug (Tritt) für Piano	
91.	Gruppenzug (Tritt) f. Forte	Pedal
92.	Gruppenzug (Tritt) f. Fortissimo	
93.	Auslöser der pedalfesten Gruppen	
94.	Rohrwerke aus Rollschweller	
95.	Rohrwerke "ab"	
96.	Handregister "ab"	
97.	Manual 16' Stimmen "ab"	
98.	Rollschweller	
99.	Rollschweller-Einschaltung für Fernwerk allein	
100.	Rollschweller-Einschaltung für I. und II. Manual nebst dazu passendem Pedal	
101.	Rollschweller-Einschaltung für III. und IV. Manual nebst dazu passendem Pedal	
102.	Rollschweller-Einschaltung für das ganze Werk einschließlich V. Manual	
103.	Handregister I. Manual "ab"	
104.	Handregister II. Manual "ab"	
105.	Handregister III. Manual "ab"	
106.	Handregister IV. Manual "ab"	
107.	Handregister Pedal "ab"	
108.	Rollschweller Anzeiger	
109.	Windzeiger	
110.	Schwelltritt zum Schwellkasten des III. Manual	
111.	Schwelltritt zum Schwellkasten des IV. Manual	
112.	Schwelltritt zum Schwellkasten des V. Manual	
113./125.	13 Abstoßer der Registerreihen	

Disposition 7

Die Anordnung der Registernamen entspricht derjenigen im Spieltisch.

I. Manual C—c'''' = 61 Tasten

1. Gedeckt 16'
2. Principal 16'
3. Mayorbaß 16'
4. Harmonik 8'
5. Gedeckt 8'
6. Gemshorn 8'
7. Fl. dolce 8'
8. Spitzflöte 8'
9. Quintatön 8'
10. Fl. harmonique 8'
11. Doppelflöte 8'
12. Viola di Gamba 8'
13. Geigenprinzipal 8'
14. Prinzipal am. 8'
15. Principal i.p. 8'
16. St. Gamba 8'
17. Oboe 8'
18. Tub. mira 8'
19. Basson 8'
20. Gr. Oktave 4'
21. Clairon 4'
22. Viol. d'am. 4'
23. Rohrflöte 4'
24. Gemshorn 4'
25. Violini 4'
26. Fl. oktav. 4'
27. Oktave 4'
28. Oktave 2'
29. Piccolo 2'
30. Gedecktqu. 5 1/3'
31. Quinte 2 2/3'
32. Gr. Mixtur 7— 9fach
33. Gr. Cymb. 5— 6fach
34. Cornett 5fach
35. Mixtur 4— 5fach
36. Mixtur 3— 4fach

37. Progressio 3— 4fach
38. Scharf 3fach
39. Rauschqu. 2fach
40. Posaune 16'
41. Trompete 8'
42. Clarine 4'

II. Manual (Schweller)

43. Basson 16'
44. Bombard 16'
45. Gamb. maj. 16'
46. Quintatön 16'
47. Vox ang. 8'
48. Dulciana 8'
49. Harmonik 8'
50. Bourdon 8'
51. Fl. Dolce 8'
52. Quintatön 8'
53. Soloflöte 8'
54. Fl. Harm. 8'
55. Viola 8'
56. Schalmei 8'
57. Geigenprinzipal 8'
58. Flötenprinzipal 8'
59. Principal 8'
60. St. Flöte 8'
61. St. Principal 8'
62. Trompete 8'
63. Cor. Angl. 8'
64. Clarinette 8'
65. Posaune 8'
66. Glockenspiel 8'
67. Fl. oktav 4'
68. Dolce 4'
69. Zartflöte 4'
70. Jubelflöte 4'

71. Quintatön 4'
72. Fugara 4'
73. Oktave 4'
74. Clairon 4'
75. Piccolo 2'
76. Quinte 2⅔'
77. Scharf 5fach
78. Cornett 4fach
79. Gr. Cornett 3— 5fach
80. Cymbel 3fach
81. Mixtur 3fach
82. Sesquialter 2fach
83. Pizzikato

III. Manual (Schweller)

84. Nachthorn 16'
85. Salicional 16'
86. Fagott 16'
87. Voix celest. 8'
88. Aeoline 8'
89. Gemshorn 8'
90. Salicional 8'
91. Bifra 8'
92. Wienerflöte 8'
93. Gedeckt 8'
94. Fl. d'am. 8'
95. Quintatön 8'
96. Spitzflöte 8'
97. Violoncello 8'
98. Jubelflöte 8'
99. Nachthorn 8'
100. Geigenprincipal 8'
101. Flötenprincipal 8'
102. Principal 8'
103. Vox. hum. 8'
104. Oboe 8'
105. Klarinette 8'
106. Trompette harmonique 8'
107. Dulciana 4'
108. Gemshorn 4'
109. Fl. d'am. 4'
110. Rohrflöte 4'
111. Nachthorn 4'
112. Violini 4'
113. Praestant 4'

114. Trompete 4'
115. Flautino 2'
116. Sifflöte 1'
117. Nassat 2⅔'
118. Gr. Cymbel 7fach
119. Cornett 5fach
120. Cymbel 4fach
121. Mixtur 4fach
122. Harm. aeth. 3fach
123. Scharf 3fach
124. Rauschquinte 2fach
— Tremolo ab —

IV. Manual (Schweller)

125. Bombarde 16'
126. Mayorbaß 16'
127. Lt. Flöte 8'
128. Lt. Gambe 8'
129. Lt. Principal 8'
130. Oboe 8'
131. Trompete 8'
132. Tuba mirabilis 8'
133. Fl. Oktav 4'
134. Oktave 4'
135. Clarino 4'
136. Piccolo 2'
137. Gr. Cornett 3—5fach

V. Manual (Schweller)

138. Baßtuba 16'
139. Dulciana 16'
140. Bourdon 16'
141. Glockenspiel 8'
142. Voix. cel. 8'
143. Aeoline 8'
144. Gedeckt 8'
145. Fl. Harm. 8'
146. Quintatön 8'
147. Hohlflöte 8'
148. Viola di Gamba 8'
149. Principal 8'
150. Klarinette 8'
151. Basson 8'
152. Trompete 8'
153. Tuba 8'

154. Vox. humana 8'
155. Fl. dolce 4'
156. Oktave 4'
157. Clarine 4'
158. Flageolet 2'
159. Mixtur 5fach
160. Cornett 3— 4fach
    Tremolo ab —

Pedal C—g' 32 Tasten

161. Kon. Violon 32'
162. Principal 32'
163. Untersatz 32'
164. Kon. Posaune 32'
165. Harmonikbaß 16'
166. Liebl. Gedeckt 16'
167. Gemshorn 16'
168. Subbaß 16'
169. Violon 16'
170. Principal 16'
171. Kontrabaß 16'
172. Fagott 16'
173. Posaune 16'
174. Oktavbaß 8'
175. Baßklarinette 8'
176. Ophicleide 8'

177. Trompete 8'
178. Dulciana 8'
179. Gedecktbaß 8'
180. Gemshorn 8'
181. Flötenbaß 8'
182. Violoncello 8'
183. Principal 8'
184. Quintbaß 10⅔'
185. Quinte 5⅓'
186. Oktave 4'
187. Clairon 4'
188. Spitzflöte 4'
189. Fugara 4'
190. Oktave 2'
191. Cornett 4— 5fach
192. Sesquialter 2fach
193. Gr. Rauschqu. 2fach

Fernpedal

194. Dolce 16'
195. Subbaß 16'
196. Violon 16'
197. Dolce 8'
198. Baßflöte 8'
199. Viola 8'
200. Trompete 8'
201. Oktave 4'

Koppeln und Spielhilfen:

Man. Koppeln I. Man.	IV/III, IV/II, III/II, IV/I, III/I, II/I, H.R. ab, H.R. ab F.F.K., Fr. Komb. I, Fr. Komb. II, Fr. Komb. III, Piano, Mezzof., Forte, Fortiss., Tutti, R.W. an, R.W. ab, 16' ab, H.D. ab
Manualkoppeln II. Man.	V/I, Super II/I, Sub II/I, H.R. ab I, H.R. ab F.F.K. I, Fr. Komb. I, Piano I, Mezzof. I, Forte I, Tutti I, Flöten I, Gamb. I, Princip. I, R.W. an I, R.W. ab I, 16' ab II, H.D. ab II
Man. Koppeln III. Man.	IV/II, Super II/II, Sub III/II, H.R. ab II, H.R. ab F.F.K., Fr. Komb. II, Piano II, Mezzof. II, Forte II, Tutti II, Flöten II, Gamb. II, Princ. II, R.W. an II, R.W. ab II, 16' ab II, H.D. ab II
IV. Man.	V/III, Super III/III, Sub III/III, H.R. ab II, H.R. ab F.F.K. III, Fr. Komb. III, Piano II, Mezzof. III, Forte III, Tutti III, Flöten III, Gamb. III, Princ. III, R.W. an III, R.W. ab III, 16' ab III

V. Man. Super IV/IV, Sub IV/IV, H.R. ab F.F.K. IV, Fr. Komb. IV, Mezzof. IV, Tutti IV, R.W. an IV, R.W. ab IV, 16' ab IV, Super V/V, Sub V/V, H.R. ab V, H.R.F.F.K. ab V, Fr. Komb. V, Piano V, Mezzof. V, Forte V, Tutti V, Bläser, R.W. an V, R.W. ab V, 16' ab V, Pedal umsch. Fernped. an, Hauptped. ab.

Tutti, kop., Ped. kop. ab, Tutti ohne V, Ped.kop. V, Norm.kop., Ped.okt.kop., Pedal Kop. IV, Ped.Kop. III, Ped. Kop. II, Ped. Kop. I, Gen. Kop., R.W. Ped. an, R.W. Pedal ab, Schw. V, Walze, Walze ab, Schw. II, Schw. III, Schw. IV, H.R. ab ped., H.R. ab F.F.K. ped., Fr. Komb. Ped., I. Man. ab, Ped. ab, Pianiss.Ped., Piano Ped., Mezzaf. Ped., Forte Ped., Ausl., Tuttiped., Crescendo Walze

Disposition 8

I. Manual C–c'''

Rohrflöte 16'
Principal 8'
Viola Gamba 8'
Gemshorn 8'
Doppelgedeckt 8'
Oktave 4'
Rohrflöte 4'
Oktave 2'
Quinte 2⅔'
Mixtur 1⅓'
Trompete 8'

II. Manual C–c'''

Geigenprincipal 8'
Dulciana 8'
Quintatön 8'
Bordun 8'
Konzertflöte 8'
Violine 4'
Hohlflöte 4'
Flautino 2'
Mixtur 2'
Oboe 8'

III. Manual – Schwellwerk C–c'''

Stillgedeckt 16'
Hornprinzipal 8'
Echogamba 8'
Salicional 8'
Voxcelesti 8'
Nachthorn 8'
Jubalflöte 8'
Praestant 4'
Fernflöte 4'
Blockflöte 2'
Nasard 2⅔'
Terz 1⅗'
Progressivharmonica 2⅔'
Tuba 8'

Pedal C–f'

Kontrabaß 16'
Subbaß 16'
Zartbaß 16'
Oktavbaß 8'
Violon 8'
Gedecktbaß 8'
Choralbaß 4'
Quinte 10⅔'
Posaune 16'
Baßtrompete 8'

Normalkoppeln, Sub + Superoktav III
2 freie Kombinationen, Zungen ab, Walze ab, Handregister ab Walze.
Die Orgel hat Taschenladen.

GERD SIEVERS

Die Harmonik im Werk Max Regers

"Die Harmonik im Werk Max Regers" ist ein Thema, das, wie sich von selbst versteht, unerschöpflich ist. Sie sei deshalb in den folgenden Ausführungen unter einem einzigen Aspekt betrachtet: dem der T o n a l i t ä t.

Ist die Harmonik des sogenannten wilden Reger — und um diese allein, um die charakteristische Harmonik Regers gehe es hier — noch tonal oder ist sie es nicht mehr, ist sie noch oder ist sie nicht mehr von einer ausgeprägten Tonart strukturell konstituiert und gehörsmäßig geprägt? Diese Frage ist oft gestellt und je nach innerer Einstellung — nach Erwartung und Zielsetzung — unterschiedlich beantwortet worden. Sie hat schon die Zeitgenossen Regers bewegt — hieß es doch 1910 beim Regerfest in Dortmund etwa: Regers Musik sei eine „Anhäufung unmotivierter Dissonanzen", ein „willkürliches, ruheloses Modulieren", seine Harmonik bedeute die „völlige Preisgabe der Tonalität" —, sie hat aber auch die nachfolgenden Generationen beschäftigt, Kritiker und Biographen, ausübende Musiker und Musiktheoretiker, unter diesen allen auch Schüler Regers.

Es sei hier der Versuch unternommen, nach dem Revue-Passieren-Lassen einer Auswahl markanter Urteile anerkannter Kenner der Materie wie auch Regers selbst bei Einblendung einiger veranschaulichender Notenbeispiele mit einer kritischen Stellungnahme zu diesen Äußerungen zu einer eigenständigen Deutung der Harmonik Regers zu gelangen.

Hermann G r a b n e r , ein Schüler Regers, urteilt: „Erscheint nun so bei Reger durch das Festhalten an den tonalen Beziehungen in den einzelnen größeren Abschnitten eines Werkes das harmonische Fundament fest begründet..." (1)

Deutlich im Anschluß hieran formuliert Rudolf H u e s g e n : „Stets bleibt für Reger die Tonika das harmonische Zentrum." Charakteristisch für ihn sei ein Ausbiegen in entlegenere Tonarten und eine Verschleierung der ursprünglichen Tonart, „wenn er durch wiederholte Betonung der tonalen Bindeglieder das Harmoniegerüst in den einzelnen Abschnitten fest begründet hat." (2)

Paul Amadeus P i s k konstatiert, Kürze und Klarheit seien die Kennzeichen der Regerschen Harmonik; der Einsatz von ein bis zwei Akkorden genüge ihm zur Festlegung der Tonart. (3)

Für Guido B a g i e r , einen Schüler Riemanns und Regers, bildet die Tonalität in Regers Harmonik ein zwar verschleiertes, aber dennoch greifbares Zentrum. (4)

Nach Kurt W e s t p h a l ist bei Reger die Tonika als Zentralkraft indirekt, zumindest aber ideell wirksam. (5)

Vielfach wird in den Urteilen über Regers Harmonik der Begriff T o n a l i t ä t identifiziert mit dem Begriff h a r m o n i s c h e L o g i k , einem von Hugo Riemann geschaffenen *terminus technicus.* *

So stellt sich dem Reger-Biographen Fritz S t e i n Regers Harmonik als konsequente Ausnutzung der in Riemanns Harmoniesystem aufgezeigten Möglichkeiten zur Erweiterung der Tonalität auf der Basis harmonischer Logik dar. (6)

Und Karl H a s s e , ebenfalls ein Schüler Regers, findet in Regers Harmonik die Forderung gestellt, „harmonisch-logisch" verstanden zu werden. (7)

Für Max H e h e m a n n ist das Kennzeichen Regerscher Harmonik eine durchgängige Logik, die dem Hörer „zum Bewußtsein" zu bringen sei. (8)

---

*) Hugo R i e m a n n, 1849 geboren (also etwa ein Menschenalter früher als Reger), verfaßte 1872 unter dem Pseudonym Hugibert R i e s eine Aufsatzserie unter dem Titel „Musikalische Logik" und promovierte 1873 (in Regers Geburtsjahr) mit einer später unter dem Buchtitel „Musikalische Logik" erschienenen Dissertation „Über das musikalische Hören".
Unter „musikalischer Logik" ist das verstandesmäßige Erkennen musikalischer Abläufe als sinnvoll aufeinander bezogener Einzelheiten zu verstehen, unter „harmonischer Logik", einem Teilbereich der „musikalischen Logik", das verstandesmäßige Erkennen der Verwandtschaftsbeziehungen der Klänge als der Träger von Funktionen innerhalb der Tonalität.

Um den Nachweis streng innegehaltener Logik in der Harmonik Regers — Logik im Sinne Hugo Riemanns — ist auch Richard W ü r z bemüht. (9)

Eugen S e g n i t z konstatierte für die neunziger Jahre: „Typisch bemerkbar machte sich damals bereits die Regersche, Hugo Riemanns Grundsätzen folgende und sie mit unbedingter Folgerichtigkeit ausbauende Harmonik . . ." (10)

Paul Amadeus P i s k zufolge ruht Regers Harmonik auf den Grundpfeilern der Kadenz, das heißt: auf den Funktionen Tonika, Subdominante und Dominante (wobei er allerdings — im Widerspruch zu Riemanns System — die neapolitanische und die dorische Sexte einbezieht). (11)

Auf die drei Hauptdreiklänge, die die tonalen Funktionen repräsentieren, lassen sich nach L u d w i g R i e m a n n alle Akkordgebilde Regers zurückführen, wenn man diese der sie verhüllenden Umkleidungen entledige und ihre „Urgestalt" sichtbar mache. (12)

Gleich Hermann Grabner vertreten die harmonisch-vertikale Sichtweise in der Musik Regers Walther R e h b e r g (13), Hermann Meinhard P o p p e n (14) und auch Karl H a s s e , der Regers Kontrapunktik gar als nicht-linear, der sie pointiert als einen Krieg Masse contra Linie bezeichnet hat. (15)

Doch damit genug der Urteile, nach denen die Tonalität Riemannscher Prägung in der Harmonik Regers gewahrt ist.

Wie nun sieht die musikalische Wirklichkeit aus?

Diese möge an einer kleinen Auswahl von Notenbeispielen veranschaulicht werden.

Begonnen sei mit einem Beispiel, das, gelegentlich zitiert, sozusagen paradigmatischen Aussagewert besitzt.

Es handelt sich um die *Variationen und Fuge über ein Thema von Beethoven für zwei Klaviere zu vier Händen, B-dur, op. 86*, und zwar den Beginn der 8. Variation:

op. 86/8. Variation

Hermann G r a b n e r sieht hier die Haupttonart, B-dur, gewahrt. (16) Als „deutliche Hinweise" auf B-dur führt er an:

1) die Dominante in Gestalt des übermäßigen Quintsextakkordes (ces/es/ges/a) im 2. Takt;
2) die Dominante in reiner Gestalt im 3. und 12. Takt;

3) den Dominantseptakkord (als Sekundakkord) zur Subdominante (as/b/d/f) im 8. und 13. Takt;
4) den b-moll-Dreiklang im 12. Takt.

Darauf sei hier nur so viel entgegnet:

der übermäßige Quintsextakkord würde sich regulär über B-dur als Dominante nach Es-dur/es-moll auflösen;

die Dominante im 3. Takt erscheint nicht in reiner Gestalt, sondern als unvollständiger Klang (f/c/d) (der, um die Terz — a oder as — ergänzt, eine Subdominante mit sixte ajoutée zu C-dur/c-moll ergäbe);

der b-moll-Dreiklang kommt nach seinem Tongeschlecht (Moll), nach seiner Stellung (Quartsextakkord) und nach seinem metrischen Gewicht (letztes Taktsechzehntel) im Sinne einer Festigung der Tonart nicht zur Geltung.

Vor allem aber: ein „richtiges" Hören — ein Verstehen im Sinne des Urhebers — würde voraussetzen, daß man den Anfang als „neapolitanisch" auffaßt. — Nun könnte man argumentieren, dies liege wegen der herrschenden Haupttonart nahe. Dieses Argument verfängt indes nicht, kommen doch — mit G-dur (1. Variation), D-dur (6. Variation) und h-moll (9. Variation) — auch andere entfernte Tonarten vor, überdies gerade solche, in deren Kreis H-dur durchaus passen würde.

Es wird, im Gegenteil, so sein, daß scheinbares H-dur bestätigt zu werden scheint durch den genannten Akkord im 2. Takt, der scheinbar ein Dominantseptakkord auf H (H_7) ist, und durch die Akkorde im 4. und 5. Takt, die es effektiv sind; und dementsprechend wird man, gerade umgekehrt, den Sekundakkord im 3. Takt (C_2) als übermäßigen Quintsextakkord (c/e/g/ais) auffassen.

Ist in diesem Beispiel der Beginn ohne Frage tonartlich irreführend, so gibt es doch auch tonartlich ausgeprägte Anfänge. Als Beispiel diene *op. 31/1 (Lied „Allein")*

op. 31/1

Der Anfang — von Vorzeichen ist abgesehen — läßt auf d-moll schließen. Zwar scheint der Ton h dagegen zu sprechen; doch könnte er als dorisch gelten. Überdies wird er im nächsten Takt durch den Ton b ersetzt. (Es folgt dann ein mehrfacher Wechsel zwischen diesen beiden Tönen.) — Im Sinne von d-moll bereitet sich — mit Doppeldominante, Mollsubdominante und tonischem Quartsextakkord — wuchtig kadenzierend der Schluß vor. Doch dann erfolgt im letzten Moment, unerwartet und wenig überzeugend, eine Wendung nach a-moll:

op. 31/1

Als Tonart hat tatsächlich — die Komposition ist vorzeichenlos a-moll zu gelten. Reger operiert hier demnach wiederum mit einer S c h e i n t o n a r t.
Wie aber steht es in dem folgenden Beispiel um die Tonart?
op. 51/11 (Lied „Frühlingsmorgen")

op. 51/11

T.1 $As_{5<}$ C_4^6 $Fis_{9>}$ $\cancel{E}_{9>}$ G_4^6 H_5^6 C_6 E_7 f_{6aj} C_6 B_6 A_6 fis_4^6 Gis_5^6

T.4 cis $\cancel{f}is_{9>}$ h_6 B_7 $\cancel{C}_9$ F_6 Des_4^6 Ges_{6aj} As_9 f_6

T.6 Des b G_7 F_6 $\begin{Bmatrix}F\\B\end{Bmatrix}$ B $\begin{Bmatrix}F\\G_7\end{Bmatrix}$ G_9 C_5^6 B_6

T.8 A_6 h $\cancel{\phi}_{9>}$ $\cancel{\phi}_{5>}^{9>}$ C_4^6 f_{6aj} G_2 As_4^6 $\cancel{C}_{9>}$ As As_{6aj} Ges_{6aj} As_4^6 $\cancel{A}s_9$

Das Notenbeispiel zeigt ein verwirrendes Vielerlei von Klängen. Geht man einmal — so ungewöhnlich dies auch ist — sozusagen statistisch vor und ordnet die Klänge entsprechend ihrer originalen Notierungsweise in vorzeichenlose, in Been- und in Kreuz-Akkorde, so ergibt sich (mit 6 quasi neutralen, 20 Kreuz- und 22 Been-Akkorden) eine Affinität zum Been-Bereich. — Gehörsmäßige Aufklärung über die intendierte Tonart bietet erst der zweitaktige Ausklang:

op. 51/11

[musical notation T.1–T.10 with chord labels:]

T.1 As₅< C⁶₄ Fis₉> E₉> G⁶₄ H⁶₅ C⁶ E₇ f⁶aj C⁶ B⁶ A⁶ fis⁶₄ Gis⁶₅

T.4 cis Fis₉> h⁶ B₇ ₵₉ F⁶ Des⁶₄ Ges⁶aj As₉ f⁶

T.6 Des b G₇ F⁶ {F/B} B {F/G₇} G₉ C⁶₅ B⁶

T.8 A⁶ h ₵₉ ₵₉>₅> C⁶₄ f⁶aj G₂ As⁶₄ ₵₉> As As⁶aj Ges⁶aj As⁶₄ As₉

T.10 F⁶₅ B₇ D⁶₄ E₉ G⁶aj g⁶aj D D⁶₄ ₵is₉> A₇ D

Nun erst (mit 28 Kreuz- und 25 Been-Akkorden) überwiegt, wenn auch knapp, die Kreuz-Seite. Als Tonart hat — was damit noch nicht gesagt ist! — D-dur zu gelten. Von einer Ausprägung dieser Tonart kann gewißlich nicht die Rede sein.

Als letztes Beispiel in diesem Zusammenhang sei genannt
op. 51/4 (*Lied* „Geheimnis")

op. 51/4

C Fis⁴₃ B⁶ H⁶ e Cis⁶ Fis₇ G⁵< Gis₇ fis⁶ G⁶ C ais⁶ D⁵< Es A₉>
1   2   3   4 5   6   7   8   9   10   11 12 13   14   15 16

Die Komposition steht in G-dur. Nun läßt es sich nicht bestreiten, daß man die vorkommenden Klänge zwar funktional-tonal im Sinne der Tonart deuten kann:

op. 51/4

1) C   Subdominante
2) Fis Dominante zum Tonikaleitton-(Gegen-) (Gegenparallel-)klang
3) B   Parallelklang zur Tonikavariante
4) H   Dominante der Tonikaparallele
5) e   Tonikaparallele
6) Cis Dominante zum Dominantleittonklang
7) Fis Dominante zum Tonikaleittonklang
8) G   (quintalterierte) Dominante zur Subdominante
9) Gis Dominante zum Leittonklang der zweiten Dominante
10) fis Dominantleittonklang
11) G   Tonika
12) C   Subdominante
13) ais Dominantleittonklang zur Dominantparallele
14) D   Dominante
15) Es Mollsubdominantparallele
16) A   Dominante der Dominante (zweite Dominante)

Es fragt sich allerdings, ob es sinnvoll ist, dies zu tun, ob man dem Wesen dieser Stelle auf diese Weise wirklich näher kommt, ob eine derartige funktional-tonal deutende Analyse über den harmonischen Verlauf tatsächlich etwas Wesentliches aussagt. Man wird dies füglich bezweifeln dürfen. Dann jedoch wird man sich fragen müssen, ob es außer der funktional-tonalen Interpretation eine andere Deutung geben mag, die überzeugender wirkt.

op. 51/4

C Fis$^4_3$ B$_6$ H$_6$ e Cis$_6$ Fis$_7$ G$_5$< Gis$_7$ fis$_6$ G$_6$ C ais$_6$ D$_5$< Es A$_9$>A$_7$ Fis$_6$

Eine solche Deutung scheint eklatant zu sein: es ist die B a ß l i - n i e ; sie ist es, die die Folge dieser Klänge hat hervorgehen lassen. Sie ist die Ordnungskategorie, die bestimmende F u n k t i o n .

Sie, die L i n i e , ist es auch, die manche harmonische Fluktuation, die planlos und willkürlich wirkt, auf denkbar einfache Weise verständlich und unmittelbar einleuchtend macht.

So gibt auch in dem bereits zitierten Beispiel *op. 51/11* an einigen Stellen die Baßführung die plausible Erklärung für das Sosein der Harmonien:

op. 51/11

Takt 1 — as — g — fis — f
Takt 2 — d — dis — e
Takt 3—4 — f — e — d — cis — his — cis — d
Takt 7—9 — e — d — cis — h — a — as — g — f — es
Takt 10—11 — a — b — a — gis — g — fis

In eine ganz andere Richtung Regerscher Kompositionstechnik weist das folgende Beispiel.

Es handelt sich um die *Variationen und Fuge für Orchester über ein Thema von Mozart, A-dur, op. 132,* und zwar um jene Stelle kurz vor dem Schluß (Takt 165 der Fuge), wo das Thema Mozarts wieder auftritt, um mit dem Thema der Fuge vereint zu erklingen. Mozarts Thema, das heißt: die Melodie dieses Themas, erklingt original; geändert gegenüber dem Original aber ist die Harmonik: läßt die Harmonik bei Mozart sich etwa folgendermaßen darstellen:

so die bei Reger etwa so:

Was ist hier gegenüber dem Original geschehen?

Die Melodie, wie gesagt, ist beibehalten. Sie bildet im 2. Takt eine Sequenzierung des Motivs vom 1. Takt.

Mozart deutet diese Sequenz harmonisch funktional-tonal (als Dominante zur Tonika).

Was dagegen tut Reger? Er löst das Motiv des 1. Taktes gewissermaßen aus dem tonalen Zusammenhang heraus, isoliert es, macht es zu einem selbständigen, emanzipierten Gebilde; und dieses versetzt er eine Stufe nach unten, so daß sich nun von G aus vollzieht, was sich vorher von A aus vollzogen hatte.

Reger geht sogar noch einen Schritt weiter: den abermaligen Melodieabstieg um eine große Sekunde (cis [Takt 1] — h [Takt 2] — a

[Takt 3]) nimmt er zum Anlaß, den Akkord abermals um eine Sekunde zu rücken, nach F also, so daß sich nun eine Rückungsfolge A-dur — G-dur — F-dur ergibt.

Erst hierauf folgt — mit einem dem Original fremden a-moll-Sextakkord, der als Verbindungsglied zwischen dem sequenzabschließenden F-dur-Klang und dem rückleitenden H-dur-Klang fungiert — eine dem Original sich annähernde Rückwendung zur Tonika.

Derartige Sequenzen durchziehen Regers Harmonik in einem fast unvorstellbaren Ausmaße. Kommen dabei — bei unterschiedlicher Anzahl der Rückungen und großem Spielraum im Umfang der Motive — alle denkbaren Rückungsintervalle vor, so sind doch die Rückungen um eine große Sekunde die bei weitem bevorzugten.

In dem vorliegenden Zusammenhang von erheblicher Bedeutung sind diese Sequenzen insofern, als sie, ihrem Wesen gemäß modulierend, zwangsläufig aus der Tonart hinausführen und somit den Keim zur Aushöhlung, zur Zersetzung und Auflösung der Tonalität von innen her in sich tragen.

Musikhistorisch aber hat die modulierende Sequenz eminente Bedeutung: begnügte sich die R o m a n t i k bei ihren modulierenden Sequenzen mit der transponierenden Rückung einzelner M o t i v e , so dehnte der f r a n z ö s i s c h e   I m p r e s s i o n i s m u s in der Musik die Rückung auf einzelne, damit sich verselbständigende K l ä n g e (etwa Nonenakkorde in Ganztonreihung) aus.

Was nun aber Reger angeht, so sei als Marginalie bemerkt, daß eben die Sequenzen — und zwar nicht nur die modulierenden, sondern auch die der älteren Musik eigenen schlichten tonalen wie auch freie Sequenzierungen aller Ausprägungen — entscheidend zu dem beigetragen haben, was an Regers Musik vielfach moniert worden ist, nämlich die M o s a i k t e c h n i k seiner Schreibweise.

Wie nun hat Reger selbst die Tonalität in seinen Werken beurteilt?

Die Nachwelt ist in der glücklichen Lage, hierzu einige authentische Äußerungen zu besitzen. In erster Linie sind dies f ü n f T o n a l i t ä t s g e s e t z e , die Hermann G r a b n e r überliefert hat. (17) Sie lauten:

1) **Gesetz der Quintverwandtschaft**
Jede harmonische Bildung ist rückführbar auf einen der drei Fundamentalklänge (Tonika, Subdominante, Dominante).

2) **Gesetz der Terzverwandtschaft**
Klänge haben die harmonische Bedeutung desjenigen Fundamentalklanges, mit dem sie terzverwandt sind.

3) **Gesetz der selbständigen Dominanten**
Jeder Klang kann vorübergehend von seiner Tonika gelöst und durch Einführung seiner Dominante (oder Subdominante) verselbständigt werden.

4) **Gesetz der Tonalitätserweiterung (I)**
(Erweiterung der Tonalität durch die Anordnung der Akkorde in der Aufeinanderfolge)
Auf jeden Akkord kann jeder beliebige Akkord folgen; doch bedürfen unvermutete Akkordfolgen einer nachträglichen Erklärung durch entsprechende Zwischenharmonien.

5) **Gesetz der Tonalitätserweiterung (II)**
(Erweiterung der Tonalität durch Einschübe einer fremden Tonart in die herrschende)
Jede Tonart kann streckenweise durch eine fremde ersetzt werden.

Im vorliegenden Zusammenhang von Bedeutung ist vornehmlich das 4. Tonalitätsgesetz (das Reger übrigens auf Franz Liszt zurückgeführt hat):

Jeder Akkord darf auf jeden Akkord folgen, wenn er nachträglich erklärt wird.*

Kurz und bündig formuliert Karl Hasse: „Auf einen Akkord kann man jeden beliebigen Akkord folgen lassen, wenn danach der folgende dritte Akkord das logische Verhältnis der beiden ersten aufzeigt. Also zwei Akkorde sind frei – der dritte nicht mehr. Das ist das Geheimnis der Reger'schen Logik." (18)

---

*) Mit „Erklärung" ist soviel wie Aufdecken der harmonischen Verwandtschaft gemeint.

Wie steht es nun um die Beachtung dieses theoretischen Postulats, nach dem zwei Akkorde frei sind, der dritte aber nicht mehr.

Dafür ein paar Beispiele!
op. 48/6 (*Lied* „Am Dorfsee")

Tonart: a-moll; Klänge: a – f – a / e – c – e / h – E – a
Wieso soll hier der zweite a-moll-Akkord den voraufgegangenen f-moll-Akkord erklären? Er ist identisch mit dem ersten; der harmonische Abstand von vier Quintschritten bleibt bestehen.

Übrigens liegt hier wieder eine modulierende Sequenz – mit dem seltener vorkommenden Rückungsintervall einer Quarte – vor.

(Es ist dies einer der bei Reger relativ seltenen Fälle, wo übergangslos herb und schroff Dreiklänge in Grundstellung unmittelbar aufeinander folgen und so gewissermaßen farbliche Kontraste bilden.)

op. 55/9 (*Lied* „Ein Paar")

Tonart: fis-moll; Klänge: fis – d_{6aj} – a – es – fis
Man fragt sich, welcher Akkord hier wohl welchen Akkord erklären

soll. — Die Erklärung liegt hier eher wiederum in der L i n i e, in der Folge der Töne cis — c — b — a in der Oberstimme.

op. 55/10 (*Lied* „Wären wir zwei kleine Vögel")

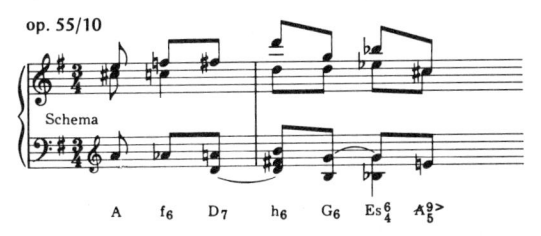

Tonart: G-dur; Klänge: A — f_6 — D_7 — h_6 — G_6 — Es_4^6 — $A_5^{9>}$

Wieso soll hier der f-moll-Sextakkord durch den Dominantseptakkord von G-dur erklärt werden? — Auch hier hat eine L i n i e, die Oberstimme e — f — fis, die Akkorde hervorgehen lassen.

Von einer eindeutigen Festlegung der Tonart kann hier nicht die Rede sein.

op. 62/5 (*Lied* „Wir zwei")

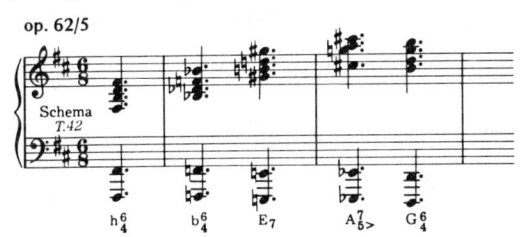

Tonart: h-moll; Klänge: h_4^6 — b_4^6 — E_7 — $A_{5>}^7$ — G_4^6

Inwiefern erklärt hier der Dominantseptakkord zur Doppelsubdominante den b-moll-Quartsextakkord? — Die Akkordfolge resultiert vielmehr offenkundig aus wiederum einer L i n i e, den Tönen fis — f — e — es — d im Baß.

op. 96 (*Introduktion, Passacaglia und Fuge für zwei Klaviere zu vier Händen, h-moll); Introduktion:*

op. 96

h $D_{5<}$ d E g H H

Tonart: h-moll; Klänge: h — $D_{5<}$ — d — E — g — H

Bleibt, weil quasi durchgängig, der zweite Akkord (der, enharmonisch zu fis/ais/cisis umgedeutet, als Fis-dur-Dreiklang mit übermäßiger Quinte [$Fis_{5<}$] aufgefaßt, dominantisch wäre) unberücksichtigt, so würde nun zwar der E-dur-Akkord den d-moll-Akkord als doppelsubdominantischen Akkord leicht erklären; der H-dur-Akkord aber müßte — obwohl noch einen harmonischen Schritt weiter entfernt als der E-dur-Akkord — den g-moll-Akkord erklären. — Die so naheliegende und einleuchtende Erklärung liegt auch hier wieder in der L i n i e , in der Oberstimme mit dem chromatischen Verlauf h — ais — a — gis — g — fis, der harmoniezeugend gewirkt hat.

Reger selbst hat es demnach anscheinend mit der Erfüllung der Bedingung in seinem 4. Tonalitätsgesetz nicht allzu streng genommen.

Und dennoch war er von der Strenge der h a r m o n i s c h e n L o g i k in seinen Kompositionen überzeugt.

So ließ er sich beispielsweise vernehmen:

„Woher soll nun das wirkliche Verstehen für meine Harmonik kommen, die so willkürlich scheinbar und doch so absolut logisch ist? " (19)

Und in bezug auf seine C-dur-Sonate für Violine und Klavier, die sogenannte „Affe-Schafe"-Sonate: „... unsere harmonisch so engherzige ... und in bezug auf Logik nicht ‚gerade' denkende und fühlende Generation ... gerade op. 72 ist mit großer Logik ... geschrieben!" (20)

Eine Akkordverbindung kommentierte er mit den bezeichnenden Worten: „Wenn z. B. [Notenbeispiel] richtig ist, dann ist [Notenbeispiel] ebenso richtig, direkt verständlich und absolut logisch." (21)

An seine Schüler richtete er wohl die Frage: „Hören Sie einen logischen Vorgang?" (22)

In seinem Lehrbüchlein „Beiträge zur Modulationslehre" hebt der Autor „nachdrücklichst" hervor, es als seine Aufgabe zu betrachten, auf die musikalische Logik aufmerksam zu machen; deshalb verzichte er auf enharmonische Umdeutungen und beschränke sich auf die Umdeutung der Funktionen.

Indes: widersprüchlich, wie so manches bei Reger ist, sind pikanterweise auch seine Äußerungen zu diesem Thema. So heißt es etwa:

„Meine Anschauungen betreffs Harmonie, Tonalität sind andere, als gewöhnlich in Büchern zu lesen steht — da ich immer mehr einen schreienden Widerspruch zwischen Theorie und Praxis erkenne!" (23)

„Dazu kommt, daß die gesamte Kunstlehre elend nachhinkt; wir besitzen bis heute noch keine bis zur Jetztzeit nur annähernd gehende Harmonielehre..." (24)

„Das ist eine Ehre sondergleichen für uns Jünger, die wir unangekränkelt von der schwindsüchtigen Blässe grauer Theorie..." (25)

„... wie ich ja, aufrichtig gestanden, die Fühlung mit der Theorie so ziemlich verloren habe." (26)

„... daß ich die Fühlung mit dem Schulgemäßen... viel zu sehr verloren habe..." (27)

„Ich komponiere, denke dabei nie an Theorie." (28)

Betone Reger einerseits, auf logischem Wege nachweisen zu können, daß „selbst die äußerlich haarsträubendsten Bildungen schließlich nichts anderes sind als ‚seelische Verschärfungen' der einfachsten Grundbegriffe Tonika, Unter- und Oberdominant" (29), so rühmte er sich andererseits: „... ich studiere sehr fleißig alte Kirchentonarten und bringe in meine Kompositionen so manche Wendung hinein, die auf unserem tonalen Erfindungsfeld nicht wächst." (30) — Und er prophezeite: „Es wird sicher noch die Zeit kommen, in der man gerade meinen Bestrebungen zur Überwindung des Fétis'schen Tonalitätsprinzips mehr Verständnis entgegenbringen wird." (31)

Pochte demnach Reger einesteils auf Wahrung des Überlieferten, so nahm er andernteils Fortschrittlichkeit für sich in Anspruch: „Wir modernen Musiker verlangen mehr als diatonisches ‚Dreiklangsgemüse'." — Der „Öltropfen ‚Diatonie' " sei gut für jene, die schwach im Magen seien. (32)

Mit seiner Überzeugung, es herrsche ein schreiender Widerspruch zwischen Theorie und Praxis, es gebe noch keine bis zu seiner Zeit reichende Harmonielehre — Riemanns also eingeschlossen! — und er bringe in seine Kompositionen so manche Wendung hinein, die auf tonalem Erfindungsfeld nicht wachse, steht Reger nun freilich nicht vereinzelt da. Vielmehr hat es auch Musiktheoretiker gegeben, denen an der von so vielen namhaften Musiktheoretikern für Regers Musik in Anspruch genommenen harmonischen Logik erhebliche Bedenken gekommen sind.

So meinte der bereits genannte Theoretiker L u d w i g   R i e m a n n : „Regers Tonalität entbehrt der Grundmauern, sie ist eine vom Sturm zerfetzte Ruine!" (33)

Gleichsam von höherer Warte aus und demzufolge mit größerer Distanz und entsprechend weiterem Blickfeld sah der Mathematiker, Naturwissenschaftler, Kulturhistoriker und Musiker Walter H a r b u r g e r Regers Harmonik, wenn er sie in Wechselbeziehungen zu philosophischen Geistesströmungen seiner Zeit erblickte, Geistesströmungen, die sich in einem irrationalen Weltbild abzeichnen (wie in Henri Bergsons *élan vital*, in Arthur Schopenhauers *Willen*, in Eduard von Hartmanns *Unbewußtem*, in Albert Einsteins *nichteuklidischer Geometrie* und in der Ersetzung der Kausalität durch die *Spontaneität*), wenn er in Regers Harmonik das Tonika-Subdominant-Dominant-System — bildlich gesprochen: das euklidische Tonalitätssystem — ersetzt sieht durch ein irrationales, nicht-euklidisches Strukturprinzip, nämlich durch das Prinzip der Linie. (34)

In ähnlicher Richtung liegt die Deutung von Fritz Frid. W i n d i s c h , wenn er die tonale Interpretation der Regerschen Harmonik als absolut ungeeignet radikal ablehnt und dafür die Sichtweise horizontal-linearer Fortschreitung einzelner, emanzipierter Stimmen ohne schematische Gebundenheit in vertikal-tonal-harmonischer Akkordfolge fordert. (35)

Diese Ansicht vertritt auch Hugo Ernst R a h n e r : „Die kadenzierende Fortschreitung wird durch die chromatische Führung der Einzelstimme immer mehr durchsetzt bis zur Auflösung tonaler Zusammenhänge ... kadenzierende Fortschreitungserklärung nicht mehr möglich ..." (36)

Vorsichtiger und zugleich auch weiterblickend als die Verfechter harmonischer Logik bei Reger äußerte sich auch der universale Musikgelehrte Hans Joachim M o s e r , wenn er meinte, Reger habe „... auch in der Harmonik durch Erprobung der Riemannschen Theorien bedeutsame Erweiterung der schöpferischen Phantasie gewonnen und zumal das Prinzip der Klangvertretung fast bis an die Grenzen tonaler Vorstellbarkeit ausgedehnt." (37)

Und ein so gründlicher Kenner der Materie wie Hans M e r s m a n n erkannte mit sicherem Urteilsvermögen: „Regers Harmonik ragt an vielen Stellen trotz entgegengesetzter Erklärungsmöglichkeiten über die logischen Bindungen der Kadenz hinaus in die Gebiete der absoluten und horizontalen Harmonik* hinein." (38)

Für einen Sektor aus dem musikalischen Schaffen Regers, nämlich für die Orgelmusik, betont Emanuel G a t s c h e r ganz ausdrücklich die Prävalenz der Linie: „Und trotzdem ist es so gut wie unmöglich, von der Harmonik aus in ein innigeres Verhältnis zu Reger ... zu kommen. Ein ängstliches Vorwärtstasten von einer harmonischen Klippe zur anderen" zerzause „die melodische Linie Regers in dürftiges Faserwerk", versperre „den Weg zum Erfassen des aus tiefem melodischem Reichtum geborenen Kunstwerks ..."; es gelte, „Schönheit und Eigenart der Regerschen Linie" zu erkennen, zu erkennen, „daß Regers Kunst mehr ist als ein trockenes Rechenexempel ...". (39)

Mit diesen auf das Grundsätzliche der Regerschen Harmonik gerichteten Urteilen stimmt auch die Ansicht des Philosophen und Soziologen Theodor W i e s e n g r u n d - A d o r n o überein: „Die völlig

---

* Unter absoluter, horizontaler Harmonik versteht Hans M e r s m a n n die frühe Polyphonie, die mit ihrer absoluten Selbständigkeit der einzelnen Stimmen eine Bindung im vertikal-harmonischen funktional-tonalen System noch nicht kannte.

funktionelle, stets in modulatorischem Fluß gehaltene Musik Regers kann trotz des Mangels einer als ontisch vorausgesetzten Tonart deshalb nicht als atonal gelten, weil alle harmonischen Einzelergebnisse sinnvoll auf dem Bezugssystem der Tonart bzw. der in modulatorischer Zuordnung befindlichen Tonarten angetragen werden können ... Man kann sagen: bei Reger bleibt der Bau des Einzelakkords stets tonal, nur der Zusammenhang der Akkorde ist tonartig mehrdeutig." (40)

Abschließend komme Hugo Riemann zu Worte. Denn unabweisbar stellt sich nunmehr die Frage, wie denn er, der Schöpfer des Begriffes der f u n k t i o n a l e n T o n a l i t ä t und des Begriffes der h a r m o n i s c h e n L o g i k, aus seiner Sicht Regers Harmonik beurteilt habe.

Aufschluß hierüber bietet das reiche Schrifttum Riemanns, bietet, unter anderem, sein Musiklexikon, in dem die Kritik an Regers Musik sich von Auflage zu Auflage verschärft. 1909 heißt es dort, Reger häufe „bewußt die letzten harmonischen Wagnisse und modulatorischen Willkürlichkeiten", (41) nachdem Riemann 1908 — an anderer Stelle — etwas zurückhaltender geurteilt hatte, Regers „Behandlung des modulatorischen Wesens" sei „oft noch gewaltsam und innerer Notwendigkeit entbehrend." (42)

Diese Beurteilung wird verständlich, wenn man bedenkt, daß Riemann im Jahre 1909 die letzten Übungsaufgaben seines „Handbuches der Harmonielehre" als „kühnste Wagnisse" bezeichnete, die nur „als mitten aus einer weitschichtigen Entwickelung herausgenommen" ihre Berechtigung hätten, einer Entwicklung, „welche durch vorausgehende einfachere Bildungen erst die selbstverständliche Unterlage für solche letzte Trumpfe abgeben muß." (43)

Ganz eindeutig aber erhellt Riemanns grundlegende Überzeugung aus folgendem Zitat: „Zugleich habe ich, gegenüber der mehr und mehr sich entfaltenden Freiheit unserer modernen Harmonik und der aufkeimenden Ansicht, als könne überhaupt jeder Accord jedem Accorde folgen, den Zweck vor Augen, nachzuweisen, daß eine ganz bestimmte Schranke für derartige Willkürlichkeit existiert, die in nichts anderem zu suchen ist, als in der logischen Bedeutung der verschiedenen Tonstufen." (44)

Diese Worte wirken wie gegen Reger gemünzt, sind es indes nicht; sie wurden vielmehr — im Rahmen der Aufsatzserie „Musikalische Logik" — bereits 1872 formuliert, so daß, umgekehrt, Reger mit seinem 4. Tonalitätsgesetz *expressis verbis* den Bruch mit Riemanns Tonalitätssystem vollzogen hat.

So darf es auch nicht wunder nehmen, daß Riemann, wie überliefert ist, Regers *Variationen und Fuge über ein Thema von Joh. Seb. Bach für Klavier zu zwei Händen, h-moll, op. 81*, in Leipzig mit seinen Schülern in dem Sinne zu analysieren versucht habe, daß die harmonische Führung unverständlich und unlogisch sei. (45)

Vergegenwärtigt man sich die unterschiedlichen, zum Teil einander widersprechenden Urteile über Regers Harmonik, so zeigt sich, daß die Beantwortung der Frage, ob Regers Harmonik noch tonal oder nicht mehr tonal sei, entscheidend von der D e f i n i t i o n des Begriffes T o n a l i t ä t abhängt.

Hält man die ausschließliche Verwendung sogenannter tonaler — das heißt aus dem Fundus der Dur-Moll-Tonalität stammender — Akkorde für eine Garantie schlechthin im Sinne der Tonalität, so hat Regers Harmonik unbestreitbar als t o n a l zu gelten. (In diesem Falle allerdings hätte es des großen Aufwandes an scharfsinnigen, minuziös angelegten Analysen zum Nachweis vorhandener Tonalität in Regers Harmonik gar nicht bedurft!)*

Akzeptiert man hingegen den Begriff Tonalität so, wie Hugo Riemann, der Schöpfer einer nach Grenzen und Umfang** eindeutig festgelegten Tonalität, ihn geprägt hat, so kann man Regers Harmonik nicht mehr als tonal, so muß man sie als n i c h t - t o n a l bezeichnen (was keineswegs zu verwechseln ist mit a t o n a l, einem wegen der Gleichberechtigung der zwölf Töne innerhalb der Oktave auf die

---

*) Daß eine Tonart auch ohne reales, allein durch ideelles Vorhandensein des Tonikaklanges herrschen kann, beweist die Einleitung zu Richard W a g n e r s *Tristan und Isolde*.

**) Hugo R i e m a n n unterschied zwischen l e i t e r e i g e n e r und e r w e i t e r t e r T o n a l i t ä t , wobei die „Grenze der noch eben verständlichen Harmonieverbindungen" die Leittonwechselklänge der Dominanten sind,

Dodekaphonie anwendbaren Begriff). (Wenn trotz dieser eindeutigen Sachlage seitens zahlreicher fachlich kompetenter Beurteiler die Harmonik Regers dennoch als im Sinne Riemanns tonal bezeichnet worden ist, so hat diese eklatante Fehleinschätzung zweierlei Ursachen: 1) Die Beschränkung der Regerschen Harmonik auf die t o n a l e n A k k o r d e ** und 2) die nach Terminologie und Chiffrierung weit über den Kompetenzbereich hinaus greifende L e i s t u n g s - f ä h i g k e i t der Riemannschen Tonalitätskonzeption.)

Was nun die h a r m o n i s c h e L o g i k im Sinne des Schöpfers dieses Begriffes angeht, so kann — weil diese aussschließlich im Rahmen einer im Sinne des Urhebers verstandenen Tonalität sich zu realisieren vermag — eine nach Regers 4. Tonalitätsgesetz konzipierte Harmonik in diesem Sinne nicht logisch sein.

Somit wäre also die Frage, ob Regers Harmonik noch tonal oder nicht mehr tonal sei, unentscheidbar.

Zu einer solchen Resignation ist nun aber kein Anlaß.

Besinnt man sich auf den ursprünglichen Sinn des Begriffes T o n a - l i t ä t , wonach ein *tonus*, ein Ton, und, im erweiterten Sinn, mit

---

und zwar in Dur der Mollsubdominante und der regulären Durdominante, in Moll der Durdominante und der regulären Mollsubdominante (in c^+ also des^+ und ^{o}fis, in ^{o}e also ^{o}dis und b^+ [in C-dur also Des-dur und h-moll, in a-moll also gis-moll und B-dur]).
Es gab demnach für Riemann durchaus Akkordverbindungen, die als „die Grenzen der Tonart überschreitend" zu gelten haben.
Übrigens hat auch Arnold S c h ö n b e r g , ein Bewunderer Regers, gewissen Klangverbindungen die unmittelbare Verwandtschaft abgesprochen, so denen zwischen C-dur einerseits und des-moll, es-moll, fis-moll, ges-moll, as-moll sowie h-moll andererseits („Harmonielehre" S. 433).
*) Diese Einschränkung hätte R e g e r in seinem 4. Tonalitätsgesetz machen können und — eigentlich — machen müssen, hat er doch die seit etwa 1900 datierbaren Anfänge der sogenannten A t o n a l i t ä t miterlebt, die Joseph Matthias H a u e r 1919 zu der Kompositionstechnik der T r o p e n und die Arnold S c h ö n b e r g 1923 zur Z w ö l f t o n t e c h n i k (Dodekaphonie) führte.
Daß R e g e r diese Einschränkung nicht vorgenommen hat, beweist, wie selbstverständlich, keines Wortes bedürfend, ihm die ausschließliche Verwendung tonaler Akkorde gewesen ist.

diesem ein Akkord, der tonische, die Tonika, Zentrum eines melodischen oder eines harmonischen Geschehens ist, auf das das gesamte musikalische Geschehen beziehbar ist und bezogen wird, gerät man aus der A l t e r n a t i v e, ob tonal oder nicht-tonal, hinaus zu einer Lösung in A m b i v a l e n z.

Hermann G r a b n e r s Erkenntnis, wonach das Kennzeichen der Regerschen Harmonik das Offenbarmachen der mit den Tönen gegebenen l a t e n t e n   H a r m o n i k sei, trifft genau den Sachverhalt: jeder Ton kann als Prime, Terz, Quinte, Septime oder None, als Stammstufe oder als Alterationsstufe, Bestandteil eines tonalen Akkordes werden.

Seltsamerweise aber hat er daraus nicht die im Grunde zwangsläufig sich ergebende Folgerung gezogen, daß damit von einer Bindung an eine einzige Tonart nicht mehr die Rede sein könne.

Somit bleibt nun zum Schluß die Frage, worin denn nun eigentlich das Spezifische der Regerschen Harmonik beruhe, wenn diese doch ausschließlich tonale Akkorde verwende.

Auf diese Frage bleibt eigentlich nur eine einzige Antwort möglich, nämlich die: daß, wenn das musikalische Material selbst unverändert geblieben ist und die rein quantitative Bestimmung der inneren Dichte der Harmonik, die „Ausweitung des Begriffs der Tonalität o h n e Modulation", wie Alfred E i n s t e i n (46) formuliert hat, zur Erklärung des Phänomens der Regerschen Harmonik nicht ausreicht, es nur die Art der Verwendung eben dieses musikalischen Materials sein kann, die verändert worden ist.

Nicht die Akkorde sind neuartig; neuartig aber ist die Kombination dieser Akkorde, ist, ganz wörtlich, deren Kom-position. T r a d i t i o n s g e b u n d e n sind die E i n z e l e l e m e n t e, t r a d i t i o n s g e l ö s t aber ist der K o m p l e x.

An die Stelle der durch die B i n d u n g   a n   d i e   i m m a n e n t e H a r m o n i k in ihrer Ausdehnung begrenzten funktional-tonalen Harmoniestruktur, innerhalb der jeder Klang als Funktionsträger im Rahmen der Tonalität seine Berechtigung und seinen Sinn einzig und allein aus der harmonischen Verwandtschaft herleitet, tritt eine an der chromatischen (oder diatonisch-chromatischen) Linie oder an einem sequenzierbaren Motiv orientierte, die **Freizügigkeit der latenten Harmonik** ausschöpfende Struktur, innerhalb der jeder Klang seine Berechtigung und seinen Sinn aus nicht anderem als aus der Bedingtheit, der relativen Bedingtheit, von eben dieser Linie erfährt.*

Dieses **gleichzeitige Nebeneinander** einer **tonalen Schicht** und einer **nicht-tonalen Schicht** macht die **Ambivalenz** der Regerschen Harmonik aus.

Wenn — so Arnold Schönberg — ein Tonsatz von Richard Wagner, von Anton Bruckner, von Hugo Wolf fragen lasse, ob nicht bei diesem durch die prinzipienstarre Aufrechterhaltung eines Grundtones aus einem „formalen Vorteil" eine „formalistische Marotte" (47) werde, so wird man diese Frage mit ebensoviel Berechtigung auf einen Tonsatz von Max Reger ausdehnen dürfen.

Wenn es aber unbedingt eine **musikimmanente Logik** sein soll, welche die hier behandelten Äußerungsformen Regerscher Harmonik konstituiert, so ist es die Logik, die in der **Konsequenz** der (vorzugsweise rein) **chromatischen Linie** liegt.

Eine **harmonische Logik** im Sinne Hugo Riemanns aber, die in den musikalischen Werken einer gewissen historischen Epoche wirksam gewesen ist, bildet — auch wenn etliche Regerkritiker anscheinend dieser Meinung sind — weder eine **Ästhetikkategorie** oder gar ein **Wertkriterium** an sich, noch ist sie — so sehr auch ihr Schöpfer hiervon überzeugt gewesen sein mag — eine *conditio sine qua non* kompositorischen Schaffens schlechthin, eine *lex aeterna* (liegt doch in der **Zwölftonmusik** etwa die **Logik in der Äquivalenz der zwölf Töne der Oktave**).

Höchst aufschlußreich aber ist es nun, die Bedeutung des linearen

---

*) Daß auch eine chromatische Linie tonal harmonisiert werden kann, beweist z. B. Johann Sebastian B a c h in seiner *Matthäus-Passion* bei der Stelle, „Und siehe da, der Vorhang im Tempel zerriß!" (Nr. 73).

Moments in der Harmonik Regers von einer ganz anderen Seite her, aus gänzlich unerwarteter Quelle, ausdrücklich bestätigt zu finden. Und zwar ist es Adalbert L i n d n e r , Max Regers erster Lehrer und zugleich frühester Biograph, dem man diesen Einblick in Regers Schaffen zu verdanken hat.

Lindner hat Kompositionsskizzen Regers überliefert, die aus nichts anderem als aus Verläufen von Notenköpfen auf Notenlinien bestehen, Konturen mit stellenweise ergänzenden Bemerkungen wie etwa „Fein harmonisieren". Dazu lautet der Kommentar des Buchautors: „Aus fast allen Skizzen ist übrigens klar zu erkennen, daß in Regers musikalischem Denken und Schaffen das melodische Moment immer das Primäre ist." (48)

Reger selbst sprach von seiner „harmonischen Melodik, welche zum ‚Kapieren' Schwierigkeiten" bereite. (49) Bekannt ist schließlich auch sein Bekenntnis: „Ich kann musikalisch nicht anders als polyphon denken!" (50)

Das Bemerkenswerte hieran ist, daß demnach in der Harmonik Regers der L i n i e nicht nur h i e r a r c h i s c h , sondern auch g e n e t i s c h der Primat zukommt. So unbegreiflich es bei der so offenkundigen Hypertrophie der Harmonik in der Musik Regers auch erscheinen mag: seine Musik ist zwar p h ä n o t y p i s c h durchaus h a r m o n i s c h , g e n o t y p i s c h indessen l i n e a r . (Um Mißverständnissen und Mißdeutungen vorzubeugen, sei hier noch einmal ausdrücklich betont, daß es sich in dem vorliegenden Zusammenhang um denjenigen Bereich aus Regers Harmonik handelt, der für ihn charakteristisch katexochen ist.)

Diese lineare Komponente seines musikalischen Schaffens ist es auch, die Reger januskopfartig zugleich in die Vergangenheit zurückblicken wie in seine Zukunft vorausschauen läßt.

Literatur

1 Grabner, Hermann: Regers Harmonik [München 1923 (Halbreiter)], S. 14
2 Huesgen, Rudolf: Der junge Max Reger und seine Orgelwerke [Freiburg 1935 (Dissertation)], S. 97 f
3 Pisk, Paul Amadeus: Regers Modulationslehre und die neue Harmonik; in: Mitteilungen der Max-Reger-Gesellschaft Heft 5 (Mai 1926) [Stuttgart (J. Engelhorns Nachf.)]
4 Bagier, Guido: Max Reger [Stuttgart-Berlin 1923 (Deutsche Verlagsanstalt)], S. 33
5 Westphal, Kurt: Die moderne Musik [Leipzig-Berlin 1928 (Teubner)], Einleitung
6 Stein, Fritz: Max Reger [Potsdam 1939 (Akademische Verlagsanstalt Athenaion)], S. 32, S. 91
7 Hasse, Karl: Max Reger [Leipzig 1921 (Siegel)], S. 20 f
8 Hehemann, Max: Max Reger [München 1911 (Piper)], S. 14, S. 41
9 Würz, Richard: Modulation und Harmonik bei Max Reger; in: Musikalisches Wochenblatt 1907, Nr. 43
10 Segnitz, Eugen: Max Reger [Leipzig 1922 (Historia)], S. 28
11 Pisk, Paul Amadeus: a.a.O. Fußnote (3)
12 Riemann, Ludwig: Reger und die Tonalität; in: Neue Musikzeitung 1916 Nr. 18
13 Rehberg, Walter: Reger als Klavierkomponist; in: Mitteilungen der Max-Reger-Gesellschaft Heft 8 (September 1932) [Leipzig (Breitkopf & Härtel)]
14 Poppen, Hermann Meinhard: Reger als Erscheinung zwischen den Zeiten; in: Mitteilungen der Max-Reger-Gesellschaft Heft 8 (September 1932) [Leipzig (Breitkopf & Härtel)]
15 Hasse, Karl: Max Reger und die ‚Neue Klassik'; in: Mitteilungen der Max-Reger-Gesellschaft Heft 14 (Juli 1937) [Leipzig (Breitkopf & Härtel)]
16 Grabner, Hermann: a.a.O. Fußnote (1), S. 15 f
17 Grabner, Hermann: a.a.O. Fußnote (1), S. 3 ff
18 Hasse, Karl: a.a.O. Fußnote (7), S. 89 f
19 Reger, Max: Brief vom 12. Januar 1910 an Georg Stern; in: Max Reger — Briefe eines deutschen Meisters — Ein Lebensbild, hrsg. von Else von Hase-Koehler [Leipzig ²1938 (Hase & Koehler)], S. 221
20 Reger, Max: a.a.O. Fußnote (19)
21 Reger, Max: Mehr Licht; zitiert nach Karl Hasse. a.a.O. Fußnote (7), S. 166 ff
22 Maur, Sophie: Persönliche Erinnerungen an Max Reger; in: Mitteilungen der Max-Reger-Gesellschaft Heft 17 (Mai 1941) [Leipzig (Breitkopf & Härtel)]
23 Reger, Max: Brief vom 15. März 1903 an den Herausgeber der Allgemeinen Musikzeitung; publiziert in Melos Heft 1; wieder abgedruckt bei Karl Hasse, a.a.O. Fußnote (7), S. 88 f Fußnote 1
24 Reger, Max: a.a.O. Fußnote (19), S. 221

25 Reger, Max: Degeneration und Regeneration in der Musik; zitiert nach Karl Hasse, a.a.O. Fußnote (7), S. 202 ff
26 Reger, Max: Brief vom 16. Mai 1900 an Johannes Schreyer; a.a.O. Fußnote (19), S. 79 f
27 Reger, Max: Brief vom 29. Mai 1900 an Johannes Schreyer; a.a.O. Fußnote (19), S. 80
28 Reger, Max: Brief vom 13. Januar 1900 an Johannes Schreyer; a.a.O. Fußnote (19), S. 81
29 Reger, Max: Äußerung aus dem Jahre 1904 anläßlich einer Erörterung des Begriffes Tonalität; zitiert nach Fritz Stein, a.a.O. Fußnote (6), S. 90
30 Reger, Max: Brief vom 21. April 1893 an Adalbert Lindner; a.a.O. Fußnote (19), S. 32 f
31 Reger, Max: Brief an Eugen Segnitz; in: Eugen Segnitz, a.a.O. Fußnote (10), S. 31 f
32 Reger, Max: Brief vom 3. Dezember 1900 an Joseph Renner; a.a.O. Fußnote (19), S. 84
33 Riemann, Ludwig: a.a.O. Fußnote (12)
34 Harburger, Walter: Reger und das irrationale Weltbild; in: Mitteilungen der Max-Reger-Gesellschaft Heft 6 (April 1927) [Stuttgart (J. Engelhorns Nachf.)]
35 Windisch, Fritz Frid.: Reger's Verhältnis zur Tonalität; in: Melos 1920 Nr. 4
36 Rahner, Hugo Ernst: Max Regers Choralfantasien für die Orgel [Kassel 1936 (Bärenreiter)], S. 28
37 Moser, Hans Joachim: Geschichte der deutschen Musik vom Auftreten Beethovens bis zur Gegenwart [Stuttgart-Berlin 1924 (Cotta)], S. 450
38 Mersmann, Hans: Regers Harmonik; in: Allgemeine Musikzeitung 1921, Sonderheft; zitiert nach Karl Hasse: Regers Harmoniesystem; in: Mitteilungen der Max-Reger-Gesellschaft Heft 16 (September 1940) [Leipzig (Breitkopf & Härtel)]
39 Gatscher, Emanuel: Die Fugentechnik Max Regers in ihrer Entwicklung [Stuttgart 1925 (Engelhorns)], S. 181 f
40 Wiesengrund-Adorno, Theodor: Das Problem der Atonalität und Arnold Schönberg; in: Zeitschrift für Musikwissenschaft 1929/30, XII
41 Riemann, Hugo: Musiklexikon [Berlin [7]1909 (Hesse)], Artikel Reger
42 Riemann, Hugo: Kleines Handbuch der Musikgeschichte — mit Periodisierung nach Stilprinzipien und Formen [Leipzig [1] 1908 (Breitkopf & Härtel)], S. 263; [Leipzig [2]1914 (Breitkopf & Härtel)], S. 265
43 Hasse, Karl: a.a.O. Fußnote (7), S. 20
44 Riemann, Hugo: Handbuch der Harmonielehre [Leipzig [10] 1929 (Breitkopf & Härtel)], S. 223
45 Riemann, Hugo: Musikalische Logik; in: Neue Zeitschrift für Musik 1872, S. 280
46 Riemann, Hugo: Musiklexikon, hrsg. von Alfred Einstein [Berlin [11]1929 (Hesse)], Artikel Reger

47 Schönberg, Arnold: Harmonielehre [Leipzig-Wien 1911 (Universal-Edition)], S. 28 f
48 Lindner, Adalbert: Max Reger – Ein Bild seines Jugendlebens und künstlerischen Werdens [Stuttgart 1923 (Engelhorns)], S. 209 Fußnote
49 Reger, Max: Brief vom 17. Juli 1902 an Constantin Sander; a.a.O. Fußnote (19), S. 94
50 Lindner, Adalbert: a.a.O. Fußnote (48), S. 282

REINHOLD BRINKMANN

Max Reger und die neue Musik

In einem seinerzeit vielbeachteten Essay *Bach gegen seine Liebhaber verteidigt* steht der Satz: „Gerechtigkeit widerfährt Bach nicht durch Usurpation stilkundiger Sachverständiger, sondern einzig vom fortgeschrittenen Stande des Komponierens her, der mit dem Stand des sich entfaltenden Werks von Bach konvergiert." Theodor W. Adorno, der diesen bedenkenswerten Gedanken 1951 formulierte, (1) hat 1962 gemeint, es sei nun auch an der Zeit, Reger „erneut zu durchdenken". (2) Es scheint, als habe kaum jemand bislang gemerkt, daß dieses Durchdenken, die produktive Neubewertung Regers in einem bestimmten Bereich längst geschehen ist, und zwar geschehen exakt im Sinne der eingangs zitierten These Adornos nicht durch stilkundige Sachverständige, sondern in der Tat vom Bewußtsein fortgeschrittenen Komponierens her — von einer Situation des kompositorischen Denkens, das nach dem Durchgang durch die strenge Ordnung des seriellen Dogmas dieses aufzuheben, aufzulösen trachtete und jetzt, die großen Ahnen der neuen Musik überspringend, das 19. Jahrhundert neu für sich entdeckte.

Nicht Webern, nicht Hindemith, nicht Strawinsky, nicht Schönberg oder wer immer an Gestalten der Vätergeneration der Moderne herbeizitiert werden könnte, waren es, auf die sich in den frühen sechziger Jahren diese Neuorientierung berief, sondern Komponisten der Jahrhundertwende, Mahler zumal, auch Debussy. Und so ist es nicht verwunderlich, wenn erst in diesem Moment aus der Mitte der im engeren Sinn neuen Musik heraus sich eine Wendung zu dem bislang dort verpönten Instrument Orgel vollzog: die neue Orgelmusik der Hambraeus und Ligeti erinnert an „Liszt, Reger und den romantischen Orgelklang". (3) Die postseriellen Formvorstellungen Ligetis, die aus seinem Text zum Orgelstück *Volumina* zu entnehmen sind: „mannigfaltige und differenzierte Strukturierungs- und Artikulationsmöglichkeiten von dichten, chromatisch ausgefüllten Klängen ... Flexibilität der Klangfarbenmischung und Klangfarbenvariierung ... kontinuierliche Übergänge ... Klangfarbenübergänge, die in ihren feinsten Abstufungen den Intensitätsänderungen gleichkommen ..." (4) — diese Formvorstellungen, die Ligeti in anderen Texten (5) mit Worten wie „amöbenhafte Veränderungen", „Klangwolken", „komplexes Gewebe" und „Textur" umschreibt, können sich auf die neoklassizistische Montagetechnik Strawinskys ebensowenig beziehen wie auf die klaren, strengen Strukturen Weberns, auch nicht auf die Härte der gerichteten Zwölftonkomplexe Schönbergs — wenn sie auch all diese Phänomene als gewußte Tradition voraussetzen. Wohl aber können sie einem Musikdenken korrespondieren, dessen Phänotyp einmal wie folgt beschrieben worden ist:

„Wo in der gewöhnlichen Tonalität eine Modulation von Tonartterrasse zu Tonartterrasse aufsteigt, schiebt sich hier alles, irgendwie erweicht, nach Art zäher Lava ineinander ... nicht abgegrenzt wie Kristalle stehen hier die einzelnen Partien zueinander, sondern sie fließen ineinander über wie etwa leimige Substanzen ... Kompakte opake Harmoniepackungen treiben dahin: ein homogener Strahl Musik, bald ins Weite aufbrechend, bald sich in dünnes Gerinnsel verengend und sich in sich einziehend in unsagbar geheimnisvolle Tiefen, dann wieder unvermittelt losbrechend oder wieder zähflüssig werdend wie erstarrende Lava ... Entsprechend ist auch der Vortrag: Hier darf nichts starr genommen werden, sondern es muß ein flexibelstes Schwellen und Wiedereinziehen der Tonfülle und der Linien und des Tempos, ein Auf- und Abquellen der Register in den Schwellwerken und ein plasmaartiges Aus und Ein der Übergänge und Verdehnungen und Beschleunigen in Agogik und Dynamik sein."

So charakterisierte Walter Harburger 1926 Regers Musik. (6) Ein merkwürdiger Text gewiß (nicht zufällig wohl ist an anderer Stelle (7) Harburgers Reger-Interpretation auf Bergson bezogen) — aber auch merkwürdig hellsichtig, so scheint mir, und in seiner Reger-Auffassung durchaus disparat zum Zeitgeist der zwanziger Jahre.

Damit nun ist ein Problem angeschnitten, das der musikhistorischen Reflexion wert ist: offenbar ist die Reger-Interpretation, die der neuesten Orgelmusik als Hintergrund eingeschrieben ist, eine grundsätzlich andere als die in der heutigen kirchenmusikalischen Öffentlichkeit geltende — konträr auf jeden Fall zur Reger-Auffassung der Orgelbewegung in ihren mehr oder weniger dogmatischen Schattierungen, die sich in den zwanziger Jahren durchzusetzen begann und bis in unsere Tage wirksam ist.

Um diese andere Reger-Auffassung ebenfalls durch einen bedeutenden Komponisten zu fixieren, sei auf den jungen Hindemith hingewiesen. Mehrfach erörtert wurde der in der Tat deutliche Einfluß Regers auf Hindemith — oder besser umgekehrt formuliert: signifikant ist das ausdrückliche Anknüpfen Hindemiths an Reger, das sich in Kompositionen wie dem Streichquartett op.10 und Liedern des *Marienleben* manifestiert. Dieses schöpferische Interesse Hindemiths aber akzentuiert gerade nicht jene harmonisch-dynamischen Klangfelder Regers, die Ligetis Vorstellung zu bestimmen scheinen, sondern die alten Formen der Passacaglia und der Fuge und die Regersche Polyphonie, weniger also das sinnlich-ambivalente als vielmehr das handwerklich-geordnete Moment. Ludwig Finscher hat dies jüngst dargestellt und bewertet:

„Was etwa im f-moll-Streichquartett von 1919 von Reger herkommt, ist nicht das, was in Regers Spätstil entwicklungsgeschichtlich wesentlich, zeitstilistisch legitim war, sondern gerade das, was diesen Stil von innen heraus aushöhlte und problematisierte; nicht die durchchromatisierte Funktionsharmonik als letztes äußerstes Resultat der Geschichte der Harmonik zweier Jahrhunderte, sondern die archaisierende Formenwelt, die dieser aufs äußerste gefährdeten Harmonik Halt geben und Ziele setzen sollte, die in Wahrheit aber von Anfang an die Konsequenzen negierte, die Regers Harmonik eben auch für alle anderen Elemente des musikalischen Satzes forderte. Noch der rhythmische Elan in solchen von Reger herkommenden Werken des jungen Hindemith versündigt sich gegen das Vorbild, dessen amorphe Rhythmik wenigstens partiell zum Stand der Harmonik stimmte, zeigt, daß der junge Hindemith das Vorbild eher ergriff als begriff." (8)

Es geht hier jetzt nicht um die Angemessenheit der Hindemith-Kritik Finschers. Die Beobachtung der nur partiellen Anknüpfung an Reger ist stichhaltig (ebenso wie die Bemerkungen zur funktionalen Bezogenheit der verschiedenen Momente des Regerschen Tonsatzes); die Kritik mißt sie an der Totalität der Regerschen Werke, die als erfahrbar vorausgesetzt ist. Zu einer anderen Fragestellung könnte die These führen, daß die wechselvolle Geschichte von Kunstwerken, die allemal eine Beziehung zu Rezipierenden beinhaltet, sich gerade dadurch ausweist, daß die Werke zu verschiedenen Zeiten und damit unter divergenten historischen Bedingungen durchaus verschiedene ästhetische Momente als primär hervortreten lassen: die geschichtliche Determination der Werke bedeutet nicht nur ihre Bestimmung durch die Bedingungen der Zeit, in der sie entstanden sind, sondern auch ihre Wandlungen im Verlauf der eigenen Geschichte. Das führt zu einem weiteren Problemkreis: die Frage der Wirkung von Kunst zu untersuchen im Hinblick auf das Interesse, das den Rezipienten in seiner konkreten allgemeinen wie besonderen geschichtlichen Situation auf sie verweist. Zu bestimmen ist dann von einem solchen Ansatz weniger, was etwa Hindemith an Reger verfehlte, als das, was ihn dazu bewegte, Reger so und nicht anders zu akzentuieren. Die Begrenztheit einer Reger-Auffassung würde somit als geschichtliches Moment der Entfaltung des Regerschen Oeuvres selbst verstanden. Die Geschichte selbst selektiert, die Partialität eines Interesses ist bei aller subjektiven Motivation objektiv bedingt.

Wissenschaftliches Denken bestimmt sich unter anderem dadurch, daß es sich selbst reflektiert, also nicht nur seinen Gegenstand in vielfältigen Möglichkeiten des Zugangs erforscht, sondern sich über dieses Vorgehen selbst Rechenschaft ablegt. Zur Wissenschaft gehört die Bewußtheit der Wahl ihrer Methode in Relation zu ihrem Gegenstand.

Der Titel „Reger und die neue Musik" wird in diesem Referat primär unter dem Aspekt der Rezeptionsforschung gesehen, einer vor allem in der Literaturwissenschaft gegenwärtig intensiv diskutierten historischen Methode, die von einer Produktions- oder Darstellungsforschung ebenso abzusetzen ist wie von der ihr nahe verwandten Wirkungsforschung. Eine Produktions- und Darstellungsästhetik sieht die Werke gleichsam objektivistisch im Horizont ihrer abgeschlossenen Vergangenheit und konstruiert aus der Beschreibung solcher punkthaften Werkexistenzen ihr Bild von Geschichte. Aber, so formuliert Hans Robert Jauß — und dies ist analog für musikalische Werke zu denken —, „das literarische Werk ist kein für sich bestehendes Objekt, das jedem Betrachter zu jeder Zeit den gleichen Anblick darbietet. Es ist kein Monument, das monologisch sein zeitloses Wesen offenbart. Es ist vielmehr wie eine Partitur, auf die immer erneuerte Resonanz der Lektüre angelegt, die den Text aus der Materie der Worte erlöst und ihn zu aktuellem Dasein bringt" (9). Diese Auffassung vom dialogischen Charakter des Kunstwerks führt analog zu Jauß zu der Feststellung, daß Geschichte der Musik zu begreifen ist als ein Prozeß ästhetischer Rezeption und Produktion, der sich in der Aktualisierung musikalischer Texte durch den aufnehmenden Hörer, den reflektierenden Kritiker und Wissenschaftler und den selbst wieder produzierenden Komponisten vollzieht. Eine Wirkungsforschung nun fragt innerhalb dieser grundlegenden Konstellation von der Seite der Werke her, aus der früheren an die spätere Zeit, untersucht Einflüsse und die Mechanismen der Wirkung; eine Rezeptionsforschung dagegen fragt vom Aufnehmenden her, versucht sein Kunst- oder Erkenntnisinteresse zu bestimmen und auf dessen Begründungen hin zu untersuchen.

Letzteres soll in diesem Vortrag an drei Punkten der Entfaltung des Regerschen Oeuvres angedeutet werden. Eine eingehende Studie dieser Provenienz könnte der Forderung Walter Benjamins genügen, die dieser schon 1931 — wiederum für die Literaturgeschichte — aufgestellt hat. Benjamin geht von einem Satz des Literarhistorikers Walter Muschg aus, der lautet: „Der Glaube an den Sinn einer Gesamtdarstellung ist dem heutigen Geschlecht in hohem Maße verloren. Statt dessen ringt es mit Gestalten und Problemen, die es in jener Epoche der Universalgeschichte hauptsächlich durch Lücken bezeichnet sieht." Daran schließt Benjamin die Feststellung: „Mit den Gestalten und Problemen ringt es — das mag richtig sein. Wahr ist, daß es vor allem mit den Werken ringen sollte. Deren gesamter Lebens- und Wirkungskreis hat gleichberechtigt, ja vorwiegend neben ihre Entstehungsgeschichte zu treten; also ihr Schicksal, ihre Aufnahme durch die Zeitgenossen, ihre Übersetzungen, ihr Ruhm. Damit gestaltet sich das Werk im Innern zu einem Mikrokosmos oder viel mehr: zu einem Mikroaeon. Denn es handelt sich ja nicht darum, die Werke des Schrifttums im Zusammenhang ihrer Zeit darzustellen, sondern in der Zeit, da sie entstanden, die Zeit, die sie erkennt — das ist die unsere — zur Darstellung zu bringen. Damit wird die Literatur ein Organon der Geschichte und sie dazu — nicht das Schrifttum zum Stoffgebiet der Historie — zu machen, ist die Aufgabe der Literaturgeschichte" (10).

Musik zu einem Organon der Geschichte zu machen, hier konkret: die Rezeption Regers unter derartigen methodischen Prämissen zu untersuchen, könnte ein zentrales musikhistorisches Unterfangen sein.

So gerüstet, werde ich meine Ausführungen in drei Komplexe ordnen: A. Schönberg und Reger, B. Das Regerbild der neuen Sachlichkeit, C. Die neuesten Orgelkompositionen und Reger.

A. Guido Bagier hat berichtet, wie noch der Schönberg von 1924 Max Reger schätzte. (11) Dies wird durch eine große Zahl von Belegen unterstrichen. „Fast alle großen Meister unserer Zeit — Mahler, Strauss, Reger, Pfitzner — beruhen beispielsweise noch größtenteils auf der Tonalität..." heißt es 1911 bei Schönberg (12); im Schönbergschen Verein für musikalische Privataufführungen war in den Jahren 1919 bis 1921 Reger mit 24 Werken (gegenüber Debussy mit 16 und Bartók wie Schönberg mit 12) der meistgespielte Komponist (13), und gegenüber Zemlinsky rechtfertigte Schönberg eine solche Einstellung wie folgt: „Reger muß meines Erachtens viel gebracht werden; 1. weil er viel geschrieben hat; 2. weil er schon tot ist und man noch immer keine Klarheit über ihn besitzt. (Ich halte ihn für ein Genie.)" (14) In einem Artikel „Nationale Musik" des Jahres 1931, der im Schönberg-Nachlaß aufbewahrt wird, stehen die Sätze: „... Ich habe auch von Schubert vieles gelernt und auch von Mahler, Strauss und Reger. Ich habe mich gegen keinen verschlossen..." (15) Reger also für Schönberg ein „Meister", ein „Genie" — was aber konnte der Gleichaltrige von ihm lernen, was interessierte ihn am Werk Regers als Impuls oder Korrektur des eigenen Schaffens oder Denkens. Ich nenne vier Aspekte.

1. *Prosa*. Aus Regers Unterricht hat Fritz Stein für eine Metrik und Gruppenbildung, die sich aus dem Symmetrieprinzip klassischer Periodik herauslöst, den Begriff der Prosa überliefert. Und auch für Schönberg stand — das zeigen schon die frühesten theoretischen Texte — der Begriff der musikalischen Prosa im Zentrum seiner

Formreflexion (16). Hier korrespondieren beide Komponisten auffallend.

2. *Expressivität.* Eruptive Dynamisierung des Verlaufs, derart, daß die Logik der Verbindungen von Tönen primär durch die Expression bestimmt scheint, diesen Weg zu einer „gestischen Musik", wie ihn — wenngleich zu pointiert — Dieter Schnebel in seiner Schönberg-Dissertation (17) beschrieben hat, konnte Schönberg bei Reger — zumindest bis hin zum Opus 57 — verfolgen und hier Regers Errungenschaften, Wagnisse und Grenzen für die eigene Werkstatt reflektieren.

3. *Harmonik* und deren Verhältnis zur horizontalen Dimension des Tonsatzes. Hier wohl dürfte für Schönberg die zentrale Motivation für sein Interesse an Reger gelegen haben. In seiner Abhandlung *Structural Functions of Harmony* von 1948 schreibt Schönberg:

„Aber die neuen Akkorde der nächsten, einer dionysischen Epoche (verursacht durch die romantischen Komponisten) waren kaum verstanden und katalogisiert, und Regeln für ihre Anwendung noch nicht formuliert, als eine neu fortschreitende Bewegung begann, noch bevor die letzte sich gesetzt hatte. Mahler, Strauss, Debussy, Reger warfen neue Hindernisse in den Weg der Verständlichkeit. Jedoch ihre neuen und schärferen Dissonanzen und Modulationen konnten immer noch katalogisiert und mit den theoretischen Werkzeugen der vorangegangenen Periode erklärt werden." (18)

Und in der gleichen Studie wird die spezifische Leistung Regers auf dem Gebiet der Harmonik an einem Beispiel aus dessen Violinkonzert wie folgt dargestellt: „Die Musik von Reger, wie die von Bruckner und Mahler, ist außerhalb Deutschlands wenig bekannt. Und doch ist seine Musik reich und neu dadurch, daß er Wagners Errungenschaften auf dem Gebiet der Harmonie auf absolute Musik anwendete. Wagner hatte sie zum Zweck dramatischen Ausdrucks erfunden, und darum rief die andere Verwendung seiner Mittel eine geradezu ‚revolutionäre' Bewegung unter seinen Nachfolgern hervor." Ausdrücklich also wird Reger einbezogen in die „Revolution" der musikalischen Sprache zu Beginn dieses Jahrhunderts, deren Durchbruch mit dem Namen Schönberg verbunden ist. Daher darf hier das zentrale Interesse Schönbergs an Reger gesehen werden; hier konnte Schönberg, der stets die Spontaneität seines Schaffens betonte und doch stets auch auf dessen historischen Ort und dessen „Gesetze" reflektierte, am ehesten von Reger lernen, positiv: im Aufgreifen Regerscher Tendenzen, aber auch negativ: aus der Besinnung auf die Bedingungen, die Reger zur Zurücknahme seiner äußersten Position, die wohl durch das Opus 57 markiert ist, geführt haben.

In der *Harmonielehre* von 1911 steht eine Feststellung, die auf Regers harmonisch-lineares Verfahren gemünzt sein könnte: „Jedenfalls zeigt sich in den vagierenden Akkorden das Bestreben, die chromatische Skala und die Vorzüge der in ihr durchaus enthaltenen Leittonaffinität zum Zweck überzeugenderer, zwingenderer, weicherer Akkordverbindungen zu benutzen". (19) Vor allem die Vokabel ‚weich' ist in diesem Zusammenhang sehr aufschlußreich. Denn genau sie trifft auf Regers Harmonik unbedingt, auf Schönbergs Auskonstruktion der harmonischen Tonalität dagegen nicht zu. Das sei an einer exemplarischen Gegenüberstellung erläutert (20).

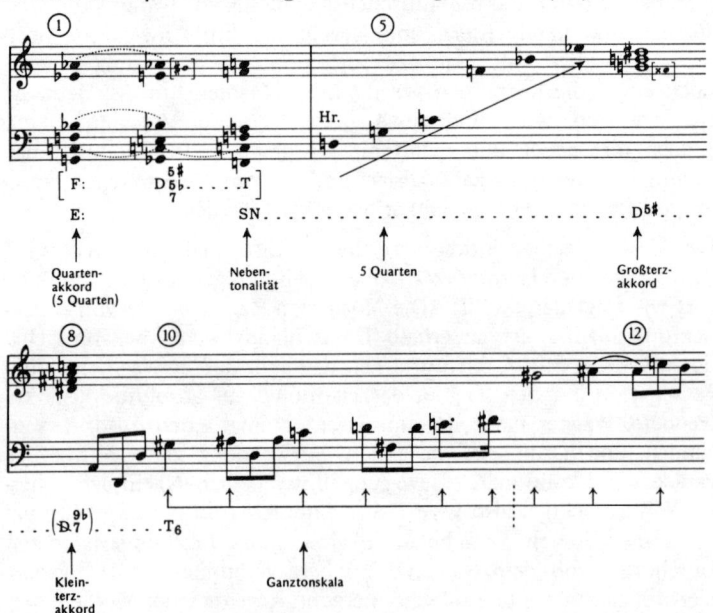

Dem Beginn von Schönbergs 1. Kammersinfonie op. 9 liegt eine auf eine Tonika E-Dur bezogene, extrem geweitete Kadenz zugrunde (S. 90). Wichtig für die Erkenntnis Schönbergs ist ein Doppeltes: einmal, wie die Stufen der Kadenz mit tonalitätssprengenden Mitteln (auskomponierte Nebenstufen, äquidistante Klänge) besetzt, und zwar vertikal und horizontal systematisch besetzt (Quart-, Großterz-, Kleinterzklang, Quartenfolge, Ganztonleiter) sind, zum anderen, wie dagegen der Kadenzzusammenhang selbst mit äußerster Anstrengung aufrecht erhalten wird. Sowohl der Einzelklang wird emanzipiert (nämlich vom Terzaufbau) wie der Zusammenhang (nämlich von der Tonalität) — wobei die Kammersinfonie op. 9 als Ganzes den kritischen Punkt vor der Wende zur Atonalität markiert. Die Tonalität wird konstruktiv an ihre Grenzen geführt.

Bei Reger dagegen ein anderes Denken.

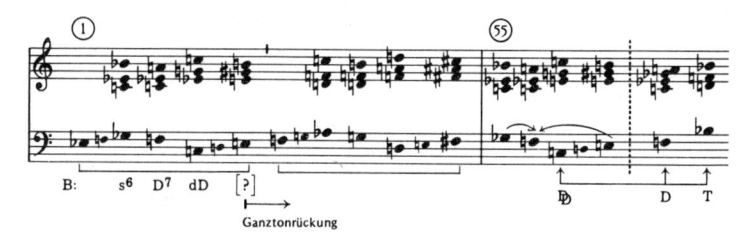

Die berühmte harmonische Deutung des B-a-c-h-Motivs in Regers *Fantasie und Fuge* op. 46 zeigt den Einzelklang in seinem Terzaufbau unangefochten, der tonale Zusammenhang dagegen ist zunächst durch eine plötzliche Ausweichung und die Ganztonrückung des Motivkomplexes verunsichert. Aber auf das tonal nur ungenügend erklärbare Auftreten des E-dur (21) dürfte am ehesten die Bemerkung Schönbergs zutreffen, die dieser in der Harmonielehre zu unvorhergesehenen Modulationen in entferntere Regionen macht (dort allerdings auf einfachere harmonische Verhältnisse bezogen): „Wo aber eine plötzliche weite Ausweichung stattfindet, handelt es sich um etwas anderes: um eine besonders hinausgestellte Kontrastwirkung, die eher wie etwas Dynamisches, als wie etwas Harmonisches zu beurteilen ist. Natürlich ist sie auch etwas Harmonisches; nämlich ein Ausflug in eine zukünftige Harmonie." (22) Und in der Tat ist die Wirkung der Harmoniefolge im Regerschen B-a-c-h-Motiv eher „dynamisch" (im Sinne einer plötzlichen, aparten Aufhellung) als harmonisch-konstruktiv. Vom Ende der Fantasie her enthüllt dann jedoch auch diese Folge (jetzt mit C-dur statt c-moll!) ihre latente Bezogenheit auf die schwebende Tonalität B: das dominantische F wird chromatisch umkreist, die doppelte Dominant-Tonika-Relation ist im Kern unbefragt.

Den extremsten Punkt in Regers harmonischem Denken in Richtung auf einen nicht mehr tonal fixierbaren Zusammenhang der Klänge bedeutet unstreitig die *Symphonische Fantasie (und Fuge)* op. 57.

Aber der dissonante Anfangsakkord aus Tritonus, Kleinterz, Quarte und Kleinterz wird sofort linear in einen Kleinterzklang über dem (ohnehin schon chromatisch eingeführten) liegenbleibenden Ton Cis „aufgelöst", und auch die folgende Ganztonrückung des Anfangskomplexes bleibt singulär: der dritte überhaupt noch mögliche Kleinterzakkord (etwa auf D) folgt nicht mehr. Ein systematisches harmonie-theoretisches Denken, wie es Schönbergs Vorgehen in Opus 9 bestimmte, ist nicht am Werk. Wichtig dagegen ist die chromatische Linearisierung des Akkordes. In T. 3 des Beispiels zeigt sich dann diese gleitende Chromatik als Prinzip der Akkordverknüpfung und damit im Grund als Prinzip der Akkordkonstituierung überhaupt. Dies genau ist für Reger signifikant.

Und jene weiche, fließende Art der Regerschen, in gewissem Sinn konturlosen Linearität produziert erst die spezifische Harmonik des Regerschen Satzes. (23) Ernst Kurth, der gerade für derartige Erscheinungen ein Gespür besaß, hat Regers Tonsatz so charakterisiert: „Von neueren Meistern hat sich namentlich Reger diese Technik leichtesten, schlüpfrigen, unvermittelt durch die entferntesten Tonarten tragenden Ineinandergleitens der Akkorde zu eigen gemacht..." (24).

Kann man die Divergenz der Schönbergschen von der Regerschen Harmonik demnach auf die Formel bringen, daß Schönberg die Tonalität mit äußerster Härte auskonstruierte und sie dadurch zerbrach, während Reger sie von innen aufzuweichen trachtete und daher nicht zu sprengen vermochte, (25) so sind gleichzeitig die Momente benannt, die Schönberg aus Regers Vorgehen kritisch verwerten konnte. Einmal: daß eine bestimmte Art von Harmonik und eine ihr entsprechende Art der Stimmführung untrennbar verbunden sind, daß also das Verhältnis von Horizontaler und Vertikaler durchaus dialektisch zu denken sei; zum andern: daß die Regersche Art der weichen Chromatisierung unter grundsätzlicher Beibehaltung des Terzenaufbaus der Klänge eine Überwindung der Tonalität offensichtlich nicht zu leisten vermochte. Sehr aufschlußreich ist unter diesem Aspekt, daß Schönberg in seinem einzigen vollendeten Orgelstück, den *Variationen über ein Rezitativ* op. 40, einem Spätwerk der amerikanischen Zeit, versucht hat, harmonisch „die Lücke zwischen meiner Kammersymphonie [op. 9] und der ‚dissonanten' Musik" auszufüllen, „viele ungenützte Möglichkeiten sind darin zu finden" (26) — in einem Opus, das auch formal und satztechnisch Reger verpflichtet ist.

4. *Form.* Reflex der spezifischen harmonisch-linearen Tonsatzkonstruktion Regers ist es, daß das weniger profilierte Detail nebensächlich werden kann zugunsten des größeren, expressiv bestimmten Zusammenhangs. Mit anderen Worten: es gibt Momente bei Reger, wo von einer Formartikulation durch die kontrastierende Abfolge global bestimmter, in sich einheitlicher Expressionsfelder gesprochen werden kann. Solche Satzzonen sind gekennzeichnet durch relative Kürze (momentaner Impuls), durch gleichbleibende Struktur und durch spezifischen Expressionscharakter, wobei Kategorien in den Blick treten, die gemäß traditioneller Musiktheorie akzidentiell scheinen: Dynamik, Tempo, Lagenbereiche, Klangfarben, Dichte ... Ansätze dieser Art, die bestimmte Auflösungsphänomene in der Musik

des 19. Jahrhunderts insgesamt weiterdenken, werden später bei Schönberg zentral. (27) Klangbeispiele aus Regers Opera 57 und 60 sowie Schönbergs Opus 11,3 mögen diese Affinität des musikalischen Denkens belegen.* Wenngleich der Reger von 1910 meinte, ob derartige atonale Klänge, wie sie das soeben gespielte Klavierstück op. 11,3 Schönbergs benutzt, „noch irgend mit dem Namen ‚Musik' versehen werden" könnten, wisse er nicht; (28) wenngleich er also die Schönbergsche Entwicklung der Harmonik keineswegs mitzumachen gedachte, ist doch unverkennbar, wie diese Musik in bezug auf das Formdenken demjenigen Regers von etwa der Jahrhundertwende korrespondiert.

Aus diesem sehr gerafften Versuch, die Möglichkeiten des Anknüpfens des gleichaltrigen, allerdings in seiner Entwicklung späteren Schönberg an Reger dingfest zu machen, geht hervor einmal, daß es die gleiche Problemlage war, die das Interesse Schönbergs motivierte und daher sehr intensiv sein ließ, zum anderen, daß dieses Interesse sich primär richtete auf die „fortschrittlichen" Momente Regers, nicht auf dessen Rückgriff zu alten Formen, nicht auf jene Wendung Regers also, die zu Beginn dieses Jahrhunderts erfolgte und die — durchaus im Verbund mit Erscheinungen bei anderen spätromantischen Komponisten in dieser Zeit stehend (29) — klassizistisch genannt werden kann. Und eine innere Verbindung dieses gerichteten Interesses zu dem der neuesten Orgelkomponisten, für die ebenfalls der „Spätromantiker", der im Ansatz „expressionistische" Reger der eigentliche zu sein scheint, ist nicht von der Hand zu weisen.

B. Um 1920 schrieb Ernst Bloch über Reger die folgenden Sätze: „... Reger, ein leeres, gefährliches Können und eine Lüge dazu. Er weiß nicht recht, ungebildet, wie er schon ist, ob er Walzer oder Passacaglien schreiben soll, ob er die Toteninsel oder den hundertsten Psalm zu vertonen hat. So sehen Ton und Sprache nicht aus, wenn man morgens an ihrer Quelle sitzt. Wie leer bleibt alles, wenn sich Reger, die unbachischste aller nur denkbaren Erscheinungen, auch noch gläubig gibt, weil der geborene Anlehner und Variationskünstler gerade formal in diesem Geleise läuft. Er ist nichts, er hat

---

*) Die Beispiele wurden im Vortrag vorgeführt.

nichts als eine Fingerfertigkeit höherer Ordnung, und das Empörende daran bleibt, daß er doch nicht nur nichts ist, ein Quell der beständigen fruchtlosen Irritierung." (30)

Merkwürdig, daß gerade Bloch, der — ganz von Wagner herkommend — ein besonderes Gespür für das Espressivo besitzt, so urteilt, Ernst Bloch, der für die Ausdrucksbestimmtheit Bachscher Musik vehemente Worte gefunden hat:

„Gar Bach, die gelehrteste und zugleich am tiefsten durchseelte Musik, macht die Antithese Ausdruck — Kanon sinnlos. So grundfalsch das Romantisieren ist, wie es durch Mendelssohn in Bachs Wiedergabe kam, so wenig ist Bachs Verständnis mit bloßem totem Abtun der Romantik erlangt; als bliebe danach nichts übrig als verdinglichte Form. Bach läßt sich von interessierten Feinden jeder Aussage keinesfalls als Bandgeflecht an sich, gar als Vorbild jener Verapparatlichung gebrauchen, zu der es allerdings der Spätkapitalismus gebracht hat. Womit diese ‚neue Sachlichkeit' an Bach mit vermeintlich positivem Vorzeichen die Einschätzung reproduziert, die ein halbes Jahrhundert nach Bachs Tod üblich war ... nämlich, Bach sei bloße Verstandesmusik ... Vermeintlich positiv wird das jetzt an Bach als ‚absolute Musik' gefeiert und stets eben mit jenem polemischen Gegensatz zum bloß romantischen Espressivo, der fürs Bachwesen und sein spezifisches Espressivo ganz gleichgültig ist. Derselbe Gegensatz hatte bereits Spittas Bachmonographie in den siebziger Jahren erfüllt und irregeleitet, die gleiche unfruchtbare Wegleugnung aller affektvollen Linien, Ausdruckslinien, obwohl aus ihnen fast die gesamte Bachsche Musik besteht." (31)

Gerade Bloch also akzentuiert an Reger um 1920 das Epigonal-Formale, die alten Formen und Techniken, polemisch die „Fingerfertigkeit höherer Ordnung", das, was später Wilibald Gurlitt als das Altmeisterliche etwa an Hindemith rühmte, den er gerade in dieser Beziehung als legitimen Nachfolger Regers verstand. (32) Blochs Reger-Erfahrung nun ist gewiß subjektiv bedingt, reagiert aber auch auf objektive Gegebenheiten, die nach dem 1. Weltkrieg immense Bedeutung gewannen. Denn was nach 1918 jetzt klar zutage trat, in allen Künsten, war der Versuch, auf dem Hintergrund der Geistesgeschichte des 19. Jahrhunderts einen Neubeginn zu setzen, eine Absage an den Primat der Individualität, war die Suche nach festen Bindungen, fixierten Wertsetzungen, nach einem verbindlichen Stil. Von „neuer Sachlichkeit" sprach man in der Kunst- und Literaturwissenschaft, von „neuer Klassizität" mit dem Ausdruck Busonis, und „Neoklassizismus", „Neobarock" in der Musik. Hinweisen möchte ich an dieser Stelle nur auf die Parallelen in der bildenden Kunst, und zwar auf jene Charakterisierung, die Franz Roh 1925 in seinem Buch *Nach-Expressionismus* in einer schematischen Gegenüberstellung von Expressionismus und Nachexpressionismus gab: (33)

„Expressionismus	Nach-Expressionismus
Ekstatische Gegenstände	Nüchterne Gegenstände
Rhythmisierend	Darstellend
Ausschweifend	Eher streng, puristisch
Dynamisch	Statisch
Warm	Kühl bis kalt
Arbeitsprozeß (Faktur) spüren lassend	Arbeitsprozeß austilgend (reine Objektivation)
Expressive Deformierung der Objekte	Harmonische Reinigung der Gegenstände
Diagonalreich (in Schrägen), oft spitzwinklig	Eher rechtwinkelig, dem Rahmen parallel
Gegen die Bildränder arbeitend	In ihnen festsitzend
Urtümlich	Kultiviert"

Diese Kennzeichnungen (eine Auswahl) sind bei analoger Anwendung auf Sachverhalte der Musik der zwanziger Jahre sehr wohl übertragbar. Musikalisch realisierte sich dieses neue Programm, das hier im Detail nicht zu erläutern ist, in der Absage an die Inkarnation romantischer Subjektivität, an die Eigenwertigkeit der Harmonik (die übrigens so simpel nicht zu denken ist) und die daraus sich erzeugenden Formen, den dynamisch-finalen Charakter des Sonatenprinzips und anderes. Dagegen gesetzt wurde — als Konsequenz bürgerlichen Denkens seit dem beginnenden 19. Jahrhundert — der Historismus: Rückgriff auf alte Formen, auf Polyphonie als den vermeintlichen Garanten von Objektivität, Sachlichkeit, ja Kollektivität. Heinrich Besseler formulierte dieses Streben 1926 wie folgt:

„... mir scheint es *heute* darauf anzukommen, daß das Musizieren wieder in den ursprünglichsten Tiefen unseres Daseins Wurzeln fasse, dauernde Lebensnotwendigkeit und -freude werde statt seltener Offenbarung oder Unterhaltung, einfach und selbstausführbar statt kompliziert und anspruchsvoll, notwendig und nicht im Grunde zufällig, weil eben immer weiter produziert wird und das peinliche Mißverhältnis zwischen ‚Angebot' und ‚Nachfrage' schon deutlich genug auf den Krebsschaden hinweist. Sicher hat die Jugendbewegung hier am stärksten und bewußtesten den Boden gelockert, doch sei nicht übersehen, daß auch andere Kräfte am Werk sind: das neue Bemühen um Erziehung und Schulmusik, die Suche der Schaffenden nach sinnvoller Gemeinschaft, mancherlei Ansätze zu neuen religiösen oder gesellschaftlichen Bindungen..." (34)

Der Stil der „neuen Sachlichkeit" aber ist nicht allein künstlerisch motiviert. „Stil heißt Bindung und verpflichtende Wertsetzung. Er wird durch eine gesellschaftliche Ordnung unterbaut... Jeder Stil ist durch eine sociale Wertordnung beeinflußt und bedingt", schreibt Carl Einstein in den dreißiger Jahren in einem vehementen Pamphlet gegen den Individualismus der Intelligenz. (35) In der Literaturwissenschaft hat H. Lethen (36) die entschiedene Prägung des in der Literatur der neuen Sachlichkeit sich manifestierenden Bewußtseins durch die soziale und politische Lage der Weimarer Republik nachgewiesen. Es scheint mir unzweifelhaft, daß ein solches Bewußtsein, das nach den Erfahrungen der Gründerzeit, dem Sturz der Monarchie, aufgrund eines schweren Krieges, angesichts der Oktoberrevolution und bedrängt von großen wirtschaftlichen Krisen in Deutschland eher auf Stabilität (37) aus war, nicht auf Revolution, auf Seiendes vertrauen wollte, nicht auf Werdendes, zu bewahren suchte, nicht zu verändern — daß ein solches Bewußtsein sich auch im künstlerischen Bereich durchsetzte. (38)

Genau auf diesem Hintergrund ist die Reger-Rezeption der zwanziger Jahre zu begreifen, die mit Hindemith als Prototyp eben das Seiende, Stabile, nämlich die alten Formen und Techniken und nicht das Übergänglich-Unfeste, die gleitende Harmonik in den Vordergrund rücken ließ. Ihr spezifisches Reger-Interesse hat somit einen exakt bestimmbaren gesellschaftlich-politischen Kontext.

Für die nachfolgende Reger-Auffassung hat die im Zuge dieses Historismus entstehende Orgelbewegung einschneidende Wirkungen gehabt, indem sie nämlich ihr oben knapp definiertes neusachlich-historisierendes Musikverständnis durch Formierung des Instrumentenbaus perpetuierte und einer Neuentfaltung, Veränderung der Regerbewertung, zumindest der Orgelmusik, dadurch fast den Boden entzog. Die Orgelbewegung nahm nämlich die von Gurlitt auf der Freiburger Orgeltagung von 1926 in Entfaltung des Rankeschen Satzes, daß alle Epochen gleich nahe zu Gott seien, aufgestellte Klangstil-These allein für den Neobarock, also primär die Wiederentdeckung des 17. und 18. Jahrhunderts, schützend als wissenschaftliche Stütze in Anspruch, versagte ihr jedoch die an sich konsequente Geltung auch für die romantische Orgel. (Heute nun müssen sich als Folge der Rigorosität des einseitig historisierenden Orgelbaus aus dem Kreis der Orgelbewegung Forderungen erheben, Sauer-Orgeln, sofern es sie überhaupt noch gebe, endlich unter Denkmalsschutz zu stellen...) Die Folgen für das Regerverständnis will ich in zwei Punkten andeuten.

1. Schon auf der Freiburger Tagung hatte es warnende Stimmen gegen rüden Historismus gegeben — und zwar gerade unter Hinweis auf Regers Orgelschaffen. Relativ unbeachtet ist es geblieben, daß W. Gurlitt sehr eindeutig gegen die sogenannte Stilorgel gestritten hat, unbeachtet wohl deshalb, weil sein stärkstes Votum in der Diskussion erfolgte, die nur im Anhang des Tagungsberichtes referierend abgedruckt ist. Demnach hat Gurlitt ausgeführt:

„Aus dem die gegenwärtige Tagung eröffnenden Vortrag gehe eindeutig hervor, weshalb er dem Ideal einer solchen historisierenden Orgel ebensowenig beizupflichten vermöge, wie allen Versuchen, historische Klangtypen der Orgel auf den Boden des lebendigen Musiklebens der Gegenwart zu verpflanzen oder gar Orgeln zu bauen..., die nicht von einem neuen Stil der Orgelmusik mit zwingender Notwendigkeit gefordert würden. Stilorgeln gehörten in die Musik*schulen*, aber nicht in das Musik*leben* ... Die Orgelkunst ließe sich nicht losgelöst aus dem Zusammenhang mit den Aufgaben und Zielen unseres gesamten Musiklebens denken und pflegen. Um so verderblicher sei es, wenn man sich immer wieder mit untergeordneten Erwägungen über die Zweckmäßigkeit bau- und spieltechnischer Einrichtungen und Neuerungen begnüge, ohne zu bedenken, daß doch die Frage, ob eine technische Einrichtung zweckmäßig sei, erst dann aufzuwerfen Sinn hat, wenn der Zweck selbst in seinem Wert und seiner Geltung erörtert worden ist, was aber nur von einem neuen Musikstil aus möglich sei. Ganz falsche Romantik wäre es, zu meinen, einen neuen Musikstil vermittels eines neu erdachten Orgeltyps herbeizwingen zu können ... Mehr als auf die einseitige Verbindung der Finger des Organisten mit dem Innern seiner Orgel komme es auf die anderseitige der Finger mit seinem Kopfe und durch ihn hindurch mit dem Geist seiner Zeit an. Auch müsse erst noch die große Entscheidung fallen: hie Bach — hie Reger: hie Barock — hie Romantik, und die noch größere: hie geschichtliche Vergangenheit — hie notwendige Zukunft ..." (39)

Unzweifelhaft ist auch an diesen Thesen manches ambivalent und ideologisch den extremen Protagonisten der Orgelbewegung nahe — doch in bezug auf Reger ist hier das 19. Jahrhundert nicht vergessen. Aber Gurlitt drang nicht durch. Was sich in der von ihm betont herausgestellten Antithese Bach — Reger andeutet — diese Konstellation ist, wie auch immer bewertet, offenbar eine wesentliche Erfahrung aller mit Orgelmusik Befaßten jener Zeit —, wird in einer ganz bestimmten Weise für die Deutung Regers und die Interpretation seiner Werke maßgebend: die Differenz zu Bach, eben das Moment, das man grob das spätromantische nennen kann, wird zunehmend verdrängt. Schon in Freiburg gab es Redner, die hier Kompromisse vorschlugen. Im Referat von Karl Hasse steht der für die Schwierigkeiten der Orgelbewegung mit Reger bezeichnende Passus: „Stilurteile und Werturteile zu vermischen, dazu bietet allerdings gerade die Orgelkunst stets eine Handhabe. Im Begriff ‚Orgelstil' ist für uns zweifellos nicht nur eine stilistische Feststellung, sondern auch eine Bewertung gegeben. Die Grenzen des Orgelstils anzugeben ist aber nicht leicht, vieles ist dabei in Betracht zu ziehen und geniale Persönlichkeiten haben immer wieder neue Gesichtspunkte heranzuziehen gezwungen. Mit den antiromantischen Linearbegriffen ist jedenfalls bei weitem nicht alles getan. Der ethische Wert der deutschen Orgel ist von Reger, trotz Rollschweller, Chromatik und Espressivo von neuem für lange Zeit wieder festgelegt worden. Seine Werke verlangen eine Orgel, die von der jetzt angestrebten Zukunftsorgel durch gewisse Eigenschaften unterschieden ist. Ob diese Zukunftsorgel als letzte Konsequenz auf dem Wege zu gestalten ist, den Reger selbst eingeschlagen hat, läßt sich heute noch nicht übersehen. Aber nicht denkbar erscheint es mir, um einer theoretischen Konsequenz willen vorzeitig die Wirkung von Regers eigenen Orgelwerken und damit einen wesentlichen Teil der Wirkung seiner religiösen Persönlichkeit künstlich zu unterbinden. Solche Persönlichkeiten können wir keineswegs alle Tage wieder haben oder durch stilistische Untersuchungen erwecken. Der Orgelbau wird auch in Zukunft auf Regers Werke Rücksicht zu nehmen haben. Gewisse Modifikationen werden diesen nichts schaden, weitere vielleicht sogar nützen... Es werden sich Wege finden lassen, die Verbesserungen, die zugunsten polyphoner Klarheit und zugunsten der alten Musik jetzt ausprobiert werden, auch den Regerschen Werken zugute kommen zu lassen" (40).

An solchen fast beschwörenden Worten, die Reger als romantischen Orgelkomponisten in seiner Eigenart vor der Uminterpretation zu retten versuchen, ist abzulesen, wie entschieden der Weg zur total barocken Orgel bereits war. Und in der Feststellung, daß die Klarheit des Werkprinzips dieser historischen Orgel auch Regers Werken zugute kommen könne, ist einerseits das Regerverständnis der zwanziger Jahre präsent, andererseits aber eine Tendenz angelegt, die einen, wie mir scheint, verhängnisvollen Weg andeutet: die Einrichtung Regerscher Werke für den neuen Orgeltyp, die Hand in Hand geht mit der Neudeutung Regers allein „aus dem Geiste Bachscher Polyphonie."

2. Wie in dieser Anpassung der Werke an den ihnen unangemessenen Instrumententyp Wertbegriffe, die eine verborgene Reger-Kritik enthalten, wirksam sind, belegt am besten Karl Straubes Vorwort zu

seiner Neueinrichtung der *Phantasie über ‚Ein' feste Burg'* op. 27 vom Jahre 1938:

„Die Neuausgabe will einen Nachweis dafür erbringen, wie Regers Schaffen für die Orgel darstellbar sein kann auf einem Instrument, das der Überlieferung aus der klassischen Zeit des Orgelbaus angehört, das aber keinerlei Eignung besitzt für ein Nachbilden von Klängen, entnommen dem Orchester der musikalischen Romantik und beeinflußt durch die Fülle der dynamischen Möglichkeiten, die diesem Klangkörper innewohnen. Um das gesetzte Ziel zu erreichen, mußten die von dem Komponisten eingezeichneten ineinander übergehenden Veränderungen in der Tonstärke durch eine in Gegensätzen sich auswirkende Terrassendynamik umgedeutet werden. Solche Vereinfachung gibt dem Formenbau der Phantasie stärkere Fügung und der erzielte Gesamteindruck — schlicht und in sich geschlossen — läßt die inneren Beziehungen der Regerschen Kunst zu dem Schaffen der Meister aus den vergangenen großen Zeiten der deutschen Orgelkunst offenbar werden." (41)

Dieser aufschlußreiche Text offenbart zunächst das Dilemma des Organisten, das ihn zum Bearbeiter werden läßt: die neue Orgel ist für Regers Werk nicht geeignet. Dann aber tastet er sich an eine für seinen Verfasser befreiende Erkenntnis heran: der so gereinigte Reger sei ja im Grunde der eigentliche.

Daß im übrigen in den gewählten Vokabeln und Begriffen sich das Musikverständnis der neuen Sachlichkeit etabliert, sei hier nur beiläufig vermerkt. Straubes Wandlung vom großen Orgelvirtuosen der Liszt-Nachfolge zum (wenn auch nie bornierten) Verfechter der Ideen der Orgelbewegung ist bekanntlich an den beiden Vorworten seiner Ausgaben *Alte Meister des Orgelspiels* (Band I) von 1904 ablesbar (42). Hatte er sich 1904 „als Mensch der Gegenwart ... nicht gescheut, alle Ausdrucksmittel der modernen Orgel heranzuziehen, um eine musikalische Wiedergabe ‚den Affekten' gemäß zu ermöglichen", so wurde diese Auffassung 1929 dezidiert verworfen:

„Nicht mehr darum kann es sich handeln, das Geheimnis des Kunstwerkes durch das Temperament einer subjektiven Auslegung entschleiern zu wollen, sondern Aufgabe der Wiedergabe wird es sein, die sachlichen Gegebenheiten, wie sie im Grundriß und Aufbau des

Tonstückes sich darbieten, mit dem geringsten Aufwand an affektgemäßer Wiedergabe – denn solche affektgemäße Art gehört der Zeit nach 1750 an – in objektiv klarer Darstellung lebendig werden zu lassen, hoffend, daß so den bereiten Herzen auch der im Überzeitlichen und Übermenschlichen liegende tiefere Sinn des Kunstwerkes sich offenbaren werde."

Als in den *Blättern der Staatsoper* Berlin anläßlich einer Aufführung des *Cardillac* von Hindemith, jener wichtigen Oper der neuen Sachlichkeit, der Satz zu lesen war: „Die alte Musik reicht über das allein Menschliche, das Subjektive weit hinaus. Ihre ausdrucksschaffenden Grundelemente gehören dem über allem Menschlichen stehenden Reich des Objektiven an", hat Hanns Eisler in einer *Relative Stabilisierung der Musik* überschriebenen Aufführungskritik darauf bissig reagiert und dem „bürgerlichen Musiker" vorgeworfen, „unfähig, die gesellschaftliche Situation zu verstehen", schreibe er „Musik, die über alles Menschliche erhaben ist" (43). Auch Straubes neue Position, die in der Betonung eines „Überzeitlichen und Übermenschlichen" als Wesen von Musik gipfelt, würde eine solche Diagnose treffen. Und bezeichnend für die offenbar gewandelte Stellung Straubes zu Reger in solchem Kontext ist die Tatsache, daß er die Ausgabe der alten Meister von 1904 „dem jungen Meister Reger" zueignete, während die Neuausgabe von 1929 der Philosophischen Fakultät der Universität Leipzig gewidmet und Reger jetzt im Vorwort zu einer „schwermütigen Gestalt", einem „späten Erbe einer großen Vergangenheit" geworden ist.

Ist in Straubes Text zur Neubearbeitung des Opus 26 immerhin noch deutlich, daß hier ein Reger besonderer Akzentuierung entstanden ist, sind also die Erfahrungen des Interpreten mit dem expressiven Reger noch insgeheim gegenwärtig, so war das bei denen, die sich auf ihn beriefen, durchweg nicht mehr der Fall. 1936 schreibt H. Keller apodiktisch:

„Man darf sagen, daß eine Musik, die ohne die Mittel einer beständig wechselnden Schattierung nicht auskommt, nicht im strengen Sinn als orgelgemäß zu bezeichnen ist. Man mache aber einmal den Versuch, Regers Musik allein aus dem Notentext, unter Außerachtlassung aller dynamischer und Tempo-Bezeichnungen abzulesen, so wird man finden, daß z. B. in den Choralfantasien ganze Strecken ohne Wechsel der Registrierung und des Tempo gespielt werden können, da im B-A-C-H an Stelle einer unaufhörlichen mit accelerando und ritardando verbundenen Übergangsdynamik ein einheitliches Tempo und eine wohlabgewogene, ziemlich einfache Terrassierung treten kann, so daß diese Werke in der neuen Interpretation eher besser als vorher klingen" (44).

Und noch 1953 meint A. Kalkoff:

„Während die Übergangsdynamik die straffen Linien der Kontrapunktik verwischt, unterstreicht die Terrassendynamik die architektonischen Beispiele . . . Erst mittels Terrassendynamik und Klangfarbe gewinnen die Regerschen Orgelwerke an Klarheit des polyphonen Gewebes und an Durchsichtigkeit der einzelnen Linien. Und gerade die neue Orgel, wie sie die Orgelbewegung anstrebt, dürfte solcher Interpretation gerecht werden . . ." (45)

Wieder ist einseitig der Kontrapunktiker Reger akzentuiert, eben weil nur solche Sicht ihn der „neuen" Orgelbewegung und ihrer Ideologie überhaupt kommensurabel macht. Wo aber sind bei Reger eigentlich „die straffen Linien der Kontrapunktik" zu finden? Das Syndrom ist deutlich: der auf die historisch exakt deduzierbare Musikauffassung der Orgelbewegung zurechtgestutzte Reger wird jetzt zur Rechtfertigung des „neuen" Orgeltyps.

Doch zielt die Regerkritik der Orgelbewegung in ihrem Kern tiefer: nicht ohne Grund sind immer wieder moralische Wertsetzungen in den programmatischen Texten anzutreffen. Angedeutet ist dieser Hintergrund in K. Mattheis Beitrag zur Straube-Festschrift, wo es heißt: „Regers Werke empfingen wir aus der Freundeshand geläutert und befreit von extremen Tempobezeichnungen und übersteigerter Dynamik, die ein titanisches Drängen in wahrer Angst vor lahmer, verschleppender Interpretation dem frühverstorbenen Meister diktierte . . ." (46) Hier ist das neusachliche Regerbild an sein Ziel gekommen: das spätromantisch-espressive Moment an Reger, das der Organist Matthei nicht wegzuleugnen vermag, wird als Manko zwar noch entschuldigt, aber doch einer partiellen kompositorischen Inkompetenz des ‚Meisters' entschieden überantwortet. Karl Straube, dem Freund Regers, blieb es vorbehalten, hier eine deutlichere Begründung zu geben: eine neue praktische Reger-Ausgabe, so schrieb er an Fritz Stein (47), müsse das Ziel verfolgen, „die überladenen agogischen und dynamischen Bezeichnungen des Komponisten zu vereinfachen, um so ein klareres Bild über den musikalischen und geistigen Aufbau dieser Opera zu geben, als es Reger — aus ganz bestimmten Gründen, die in seiner seelischen Persönlichkeit liegen — möglich sein konnte." (48)

Mit großem Nachdruck muß bei vollem Respekt vor dem bedeutenden Interpreten Straube dazu aufgefordert werden, dessen Reger-Bild zu erkennen als eine auf fixierten allgemeinen und persönlichen Wertsetzungen beruhende und von sehr klar definierbarem Interesse historisch bedingte Auffassung. „Ich halte ihn für ein Genie", meinte Schönberg, und Straube hätte ihm sicher beigepflichtet. Wie aber ein so charakterisierter Mensch in der spätbürgerlichen Gesellschaft keineswegs als heroische Gestalt begriffen wird, belegen Straubes Worte von der bedauernswerten Labilität der Psyche Regers als Grund all jener zu beseitigenden Ungereimtheiten aufs deutlichste. Daß in der Welt des hochgeistigen bürgerlichen Intellektuellen Karl Straube eine Künstlergestalt wie die Regers in einem entscheidenden Moment unverstanden blieb, ja moralisch gerichtet wurde, ist eine im Grunde zwar durchaus nicht erstaunliche, aber doch bestürzende Feststellung. Vielleicht aber ist heute das Verständnis für jene im bürgerlich-moralischen Sinn problematischen Seite Regers so entwickelt, daß gerade sie zu einer Neuorientierung herausfordert.

C. Mit dem Schlußabschnitt kehre ich zum Ausgangspunkt meiner Ausführungen zurück: die neueste Orgelmusik und Max Reger.

1. Was schon in den zwanziger Jahren sich abzuzeichnen begann, ist inzwischen zu einem Faktum geworden. Reger ist als Kammermusiker heute fast vergessen. Und dies, obwohl Kammermusik den größten Anteil am Oeuvre Regers ausmacht, eine Kammermusik von teilweise außerordentlichem Rang. Das mag nicht zuletzt mit einem Wandel der Musikkultur zusammenhängen: musikalische Bildung und Verbreitung von Musik haben sich keineswegs gleichgerichtet entwickelt. Erstere ist vielmehr gegenüber dem Beginn dieses Jahrhunderts wohl eindeutig zurückgegangen bzw. nivelliert worden. Das Verständnis für Kammermusik insgesamt, die seit jeher höchsten

künstlerisch-intellektuellen Anspruch mit Intimität — eben nicht Monumentalität und breitere Wirkung — vereinte, mußte angesichts dieser Entwicklung notwendig schwinden. Neben den zwei bis drei Orchesterkompositionen, die heute allenfalls noch häufiger gespielt werden, ist Reger im Verständnis unserer Zeit primär durch seine Orgelmusik repräsentiert.

2. Das Faktum des Bezugs der neuen Orgelmusik auf Reger ist durch Hambraeus wie Ligeti expressis verbis belegt. Er ist genau entgegengesetzt dem soeben dargestellten. Hambraeus hat diese Näherungen einer bestimmten gegenwärtigen Musiksprache an ebenfalls bestimmte Momente Regers konkret komponiert. Seine im Schlußkonzert der Nürnberger Orgelwoche 1973 uraufgeführte Toccata *Monumentum per Max Reger* bringt Zitate aus Orgelwerken Regers (u. a. aus der „Inferno"-Fantasie und aus der *Invocation* der 2. Sonate) in die Umgebung von Clusterfolgen und Klangfeldern neuester Provenienz, auf diese Weise die Affinität beider gleichsam direkt demonstrierend — ein zugegebenermaßen interessanter, allerdings eher historisch erhellender denn ästhetisch hochstehender Versuch.*

Der Traditionsbezug Ligetis ist (mit dem Begriff Walter Benjamins) „auratisch", betrifft das geheime, niemals ausdrückliche Eingehen der Aura der Tradition in die Aura des neu Komponierten. Ligeti selbst kennzeichnet seine „doppelbödige Einstellung zur Tradition" so: „die Tradition negieren, indem ich etwas Neues mache, aber irgendwo indirekt die Tradition doch durch Allusionen durchscheinen lassen: das ist für mich ganz wesentlich". (49) Und von der Orchesterkomposition *Lontano* heißt es, das Stück sei „doppelbödig; irgendwo aber auch traditionell, aber nicht zitatenhaft wie bei Strawinsky, es arbeitet nicht mit genauen Zitaten aus der späten Romantik, sondern es werden bestimmte musikalische Typen der Spätromantik eben nur berührt." (50)

Eine solche Vorstellungsweise, die Distanz und Identifikation zugleich denkt, radikale Neuheit und Traditionsbezug zusammen sieht

---

*) Der Verfasser hat in seinem Nürnberger Referat zur Demonstration der Verbindung Ligetis zur spätromantischen Orgelmusik eine Tonband-Collage von Zitaten aus der „Inferno"-Fantasie und *Volumina* vorgeführt.

— Negation also und Verarbeitung der Tradition ineins, gilt für das Orgelstück *Volumina* ganz explizit:

„Die gesamte musikalische Tradition wird bei mir einerseits negiert, spielt unterschwellig aber doch immer mit. Ein Beispiel: *Volumina*, ein tatsächlich radikales Stück — radikal auch in der Art, wie es aufgezeichnet worden ist in einer Art von neuer Notenschrift, die scheinbar musikalische Graphik ist, aber in Wahrheit nichts mit musikalischer Graphik zu tun hat —, *Volumina* klingt anders als alle früheren Orgelstücke. Irgendwo aber, unter der Oberfläche, gibt es Reste der gesamten Orgelliteratur. Irgendwo spürt man bestimmte Barockfigurationen, aber ganz verschlungen; Liszt und Reger und der romantische Orgelklang spielen ebenfalls unterschwellig mit." (51)

Unzweifelhaft überwiegen die „Allusionen" an die Spätromantik. Doch handelt es sich, das ist bei der dargestellten Spezifik der Ligetischen Rezeption des romantischen Orgelklangs evident, nicht um fixierbare, auf bestimmte Werke Regers etwa gerichtete Bezüge — vielmehr um den Habitus dieser Musik insgesamt. (Daher auch wäre es sinnlos, hier Detailanalysen durchzuführen.) Spezifisch aber für die neue Situation der Reger-Rezeption in diesem Kontext ist, daß Ligetis Interesse jenen Reger betrifft, den die Orgelbewegung zur Seite schob: den Reger der weichen Harmonik (Ligeti nannte seine Kompositionen *Atmosphères* und *Volumina* einmal „weiche Musik"), der dynamischen Flexibilität, der impulsiven Felder, der großen Klangkomplexe (primär also die Orgelmusik der Weidener Jahre). Vielleicht läßt sich das am ehesten hörbar machen, und zwar auf folgende Weise.* Spielt und hört man Reger aufgrund der Erfahrungen mit der neuesten Musik, so rückt in der Tat die *Symphonische Fantasie* in die Nähe der Klangfarbenstücke. Die vorgeführte Collage schloß, das sei hier verraten, mit dem Abschnitt 36 aus Ligetis *Volumina*, jenem „scheinbar nicht enden wollenden Klangblock, mit internen Bewegungs- und Farbenveränderungen" (52), der ‚Grandioso" überschrieben ist. Die Nähe solcher riesigen, in sich wirbelnd bewegten Cluster zu dem im Klangbeispiel vorher plazierten und gemäß Regers extremen Vortragsforderungen auch extrem —

---

*) An dieser Stelle wurde die Tonband-Collage von *Volumina* und ‚Inferno'- Fantasie vorgeführt.

und somit richtig — gespielten Expressionsfeld der Takte 45 ff der *Symphonischen Fantasie* verweist auf ein weiteres Moment, das in Ligetis Reger-Rezeption zentral figuriert: das des Monumentalen. In einem Brief an den Verfasser hat Ligeti diese Feststellung bestätigt: „... der Reger-Liszt-Hintergrund ist tatsächlich nur ‚auratisch' — ich habe an kein bestimmtes Stück gedacht, eher an den Gestus des ‚Grandiosen' (auch ironisch)." (53) In *Volumina* aber führt dieser Grandioso-Block anders als bei Reger nicht zu einem apotheotischen Schluß, vielmehr endet das Stück mit dem ‚absterbenden' stationären Cluster, der infolge des Ausschaltens des Motors merkwürdig fahl, fremdartig verhaucht. Monumentalität und Morbidität, das Grandiose und seine (in der Tat „ironische") Verfremdung sind dicht benachbart: Reger ist zugleich sehr nahe und sehr fern. *Volumina* ist kein Stück des musikalischen Historismus.

Übrigens: das kompositorische Interesse Ligetis an Reger bezog sich in *Volumina* auch auf die Spieltechnik. In dem genannten Brief an den Verfasser hat Ligeti ausdrücklich darauf hingewiesen, daß die Manualtechnik für die Ausführung der Cluster-Verbindungen — Ligeti spricht (in Gänsefüßchen) von „Rutsch-Technik" — auf die bei Reger vorgeprägte Spielart für die Ausführung der gleitenden chromatischen Akkordverbindungen im Legato zurückgehe — er nennt hier ausdrücklich die *B-a-c-h-Fantasie.*)

3. Dieses neue Interesse an Reger, neu insofern, als Reger sich in ihm neu darbietet, hat ebenfalls einen durchaus lokalisierbaren historischen Ort. Dieses Moment an Reger konnte in der Tat erst wieder ins Blickfeld treten, als die Phase der seriellen Musik sich dem Ende näherte. Und Ligeti war es ja auch, der als einer der ersten aus der Reihe der produzierenden Künstler das Umschlagen des seriellen Konzepts in die totale Indetermination theoretisch signalisierte. Genau zu jenem Zeitpunkt, zu Beginn der sechziger Jahre, trat allmählich das 19. Jahrhundert wieder ins Bewußtsein. Analog zur Wende des Denkens in den zwanziger Jahren ist auch diese der allgemeinen Geschichte, dem allgemeinen Bewußtseinswandel vermittelt. Kann man die nach objektiv kalkulierbarer Determination strebende Strenge des rigorosen seriellen Dogmas in Beziehung setzen zu einem Denken, das durch die politisch-soziale Aufbauphase nach dem

2. Weltkrieg geprägt ist, so erfolgt die Hinwendung zum 19. Jahrhundert zu Beginn der sechziger Jahre in Korrespondenz zu einem zunehmenden In-Frage-Stellen jener Gesellschaftsordnung, zu Bewußtseinsänderungen, die sich global ankündigen und wohl in der Studentenbewegung am deutlichsten manifestieren (für deren Bewertung, das zu sagen darf an dieser Stelle erlaubt sein, es nicht allein ausschlaggebend sein darf, daß Love-Stories, Haschisch und Kriminalität kritisierbare Auswüchse darstellen).

Nun ist Ligetis *Volumina* weiß Gott keine Komposition der Studentenbewegung. Doch ist es ein Werk, das eine neue Sensibilität des künstlerischen und, darin eingeschlossen, des historischen Denkens dokumentiert, eine Sensibilität (54), die, wie Herbert Marcuse gezeigt hat, zu den genannten gesellschaftlichen Veränderungen in engstem Konnex steht.

Die Geschichte der Regerschen Musik vom Beginn dieses Jahrhunderts bis in unsere Tage ist somit in Parallele zur Geschichte der neuen Musik zu begreifen als Entfaltung ihres Sinnpotentials auf dem Hintergrund der allgemeinen Geschichte und als Reflex der von daher motivierten verschiedenen Zugangsinteressen. (Wobei allerdings die schroffe Divergenz der Reger-Auffassung z. B. der Orgelbewegung und z. B. Ligetis ein Signum sein kann für die Problematik, die Regers Werk als historischem Faktum eingeschrieben ist und ohne die eben diese Geschichte seiner Rezeption nicht möglich gewesen wäre – ein Signum aber wohl auch für ihren Reichtum.) Für die Wissenschaft und für die Interpreten aber ist die kompositorische Rezeption Regers *heute* eine Herausforderung. Für die Wissenschaft, weil sie jenes Potential Regerscher Musik, das die Komponisten für sich entdeckten, offensichtlich noch nicht ausreichend reflektiert hat. Für den Interpreten, weil er den Nachvollzug solch radikaler Aktualisierung zumindest in seiner Reger-Darstellung erproben müßte. Geschieht dies allerdings nicht, dann wohl wäre die polemische Feststellung vielleicht nicht so abwegig, daß – um es provokativ überzogen zuzuspitzen – das authentische Orgelwerk Regers nicht die zurechtgestutzte und auf Normalmaße eingeebnete *Symphonische Fantasie* sei, sondern den Titel *Volumina* führe.

Literatur

1 Hier zitiert nach: *Prismen. Kulturkritik und Gesellschaft,* München 1963, S. 146
2 *Einleitung in die Musiksoziologie,* Frankfurt/M., 1962, S. 181
3 G. Ligeti in einem Interview mit J. Häusler, vgl. O. Nordwall, *Gyögy Ligeti. Eine Monographie,* Mainz 1971, S. 129
4 G. Ligeti, *Bemerkungen zu meinem Orgelstück ,Volumina',* Beilage zur WERGO-Schallplatte WER 60022
5 Vgl. auch die Vorstellungsskizzen Ligetis, die E. Salmenhaara im Anhang seiner Untersuchung abdruckt (*Das musikalische Material und seine Behandlung in den Werken Apparitions, Atmosphères, Aventures und Requiem von G. Ligeti,* Regensburg 1969 = Forschungsbeiträge zur Musikwissenschaft, Bdd. XIX).
6 W. Harburger, *Form und Ausdrucksmittel in der Musik,* Stuttgart 1926, S. 135 f
7 W. Harburger, *Reger und das irrationale Weltbild,* in: Mitteilungen der Max Reger Gesellschaft, Heft 6, 1927
8 L. Finscher, *Paul Hindemith — Versuch einer Neuorientierung,* in: Hindemith-Jahrbuch I, 1971, S. 20
9 H. R. Jauß, *Literaturgeschichte als Provokation,* Frankfurt 1970, S. 171 f (= edition suhrkamp 418). Da die zentrale Jaußsche Kategorie des „Erwartungshorizonts" hier nicht zur Debatte steht, kann ein Eingehen auf die anschließende Diskussion, auch die eigene Modifikation der Jaußschen These (vgl. H.R. Jauß, *Racines und Goethes Iphigenie.Mit einem Nachwort über die Partialität der rezeptionsästhetischen Methode,* in: Neue Hefte für Philosophie, 1973, H. 4), hier unterbleiben.
10 W. Benjamin, *Literaturgeschichte und Literaturwissenschaft,* in: Gesammelte Schriften III, hrsg. von H. Tiedemann-Bartels, Frankfurt/M. 1972, S. 289
11 G. Bagier, *Max Reger — Leben und künstlerische Erscheinung,* in: Max Reger. Zum 50. Todestag am 11. Mai 1966. Eine Gedenkschrift, Bonn 1966, S. 98 f = Veröff. des Max-Reger-Instituts Bonn, Heft 4
12 A. Schönberg, *Harmonielehre,* Wien 1911, S. 82
13 W. Reich, *Arnold Schönberg oder Der konservative Revolutionär,* Wien Frankfurt Zürich 1968, S. 162
14 A. Schönberg, *Briefe,* Mainz 1958, S. 81
15 Siehe J. Rufer, *Das Werk Arnold Schönbergs,* Kassel u.a. 1959, S. 139
16 Diesen Fragenkomplex hat R. Stephan inzwischen eindringlich erörtert (*Max Reger und die Anfänge der Neuen Musik,* in: NZfM 1973, S. 339 ff, speziell S. 343 ff), so daß hier, den Vortragstext kürzend, auf diesen Aufsatz verwiesen werden kann.
17 D. Schnebel, *Studien zur Dynamik bei Schönberg,* Diss. phil. Tübingen 1955, maschr.

18 Hier zitiert nach der deutschen Ausgabe *Die formbildenden Tendenzen der Harmonie*, Mainz 1957, S. 188. Das folgende Zitat ebenda S. 99. Rufer, a.a.O., S. 161, verzeichnet unter Schönbergs Papieren im Nachlaß (Artikel Nr. 102) eine hschr. Seite über Regers Violinkonzert.
19 a.a.O., S. 273
20 Zum Folgenden vgl. auch R. Brinkmann, *Arnold Schönberg: Drei Klavierstücke op. 11. Studien zur frühen Atonalität bei Schönberg*, Wiesbaden 1969, S. 6 ff (= Beihefte zum AfMw, Bd. 7)
21 Vgl. H.-A. Metzger, *Regers geistliche Chorwerke und sein Orgelschaffen*, in: Musik und Kirche 36, 1966, S. 219 f
22 a.a.O., S. 414
23 Vgl. die zutreffenden Ausführungen von G. Sievers in seinem in diesem Band abgedruckten Symposion-Referat.
24 E. Kurth, *Romantische Harmonik und ihre Krise in Wagners ‚Tristan'*, Berlin [2]1923, S. 224; vgl. auch S. 291
25 Vgl. Th. W. Adorno, *Der dialektische Komponist*, in: *Arnold Schönberg zum 60. Geburtstag*, Wien 1934, S. 21. Siehe auch den Bericht Fr. Gennrichs über einen Frankfurter Vortrag Adornos vom März 1929, in: ZfMw 12, 1929/30, S. 61 ff
26 A. Schönberg, *Briefe*, Mainz 1958, S. 260. Vgl. auch die Bemerkungen von C. Dahlhaus zu diesem Stück (*Moderne Orgelmusik und das 19. Jahrhundert*, in: *Orgel und Orgelmusik heute*, Stuttgart 1968, S. 46 ff, = Veröff. d. Walcker-Stiftung für orgelwiss. Forschung, H. 2)
27 Vgl. R. Brinkmann, a.a.O., S. 60 ff, speziell S. 80 ff
28 *Max Reger. Briefe eines deutschen Meisters. Ein Lebensbild*, hrsg. von E. von Hase-Koehler, Leipzig 1928, S. 238
29 R. Stephan, a.a.O., S. 342 f
30 E. Bloch, *Geist der Utopie*, München und Leipzig 1918, S. 122. In die 2. Fassung von 1923 unverändert übernommen.
31 E. Bloch, *Das Prinzip Hoffnung*, zitiert nach der Ausgabe Frankfurt/M. 1967, S. 1251
32 W. Gurlitt, *Paul Hindemith*, in: *Musikgeschichte und Gegenwart I*, Wiesden 1966, S. 202; vgl. auch S. 195
33 Fr. Roh, *Nach-Expressionismus*, Leipzig 1925. Vgl. W. Schmied, *Neue Sachlichkeit und Magischer Realismus in Deutschland 1918–1933*, Hannover 1969, speziell den Anhang S. 239 ff
34 H. Besseler in einer Diskussion mit H.J. Moser, in: AfMw 8, 1926, S. 381
35 C. Einstein, *Fabrikation der Fiktionen*, Erstausgabe Reinbek bei Hamburg 1973, S. 50
36 H. Lethen, *Neue Sachlichkeit 1924–1932*, Stuttgart 1970
37 Von „relativer Stabilisierung" der Musik sprachen sowohl Adorno wie Eisler 1927 unter bewußtem Bezug zu gesellschaftlich-politischen Phänomenen.
38 Zur Lage in der Weimarer Republik immer noch grundlegend A. Rosenberg, *Geschichte der Weimarer Republik*, Frankfurt/M. [4]1972. Vgl. auch K. Sontheimer, *Antidemokratisches Denken in der Weimarer Republik*,

München 1962, wo die Voraussetzung der Entwicklung des deutschen Bürgertums hin zum Faschismus mit sehr aufschlußreichen Dokumenten belegt ist. Siehe ferner H. Hieber, *Die Republik von Weimar*, München ⁶1972 (= dtv-Weltgeschichte des 20. Jahrhunderts, Bd. 3) und *Die Zeit ohne Eigenschaften. Eine Bilanz der zwanziger Jahre*, hrsg. von L. Reinisch, Stuttgart 1961, sowie die Beiträge von H. Plessner und Th. W. Adorno in: *Merkur 16*, 1962, Januarheft. Wichtig in diesem Zusammenhang H. Böhme, *Prolegomena zu einer Sozial- und Wirtschaftsgeschichte Deutschlands im 19. und 20. Jahrhundert*, Frankfurt/M. ⁴1972, spezielle S. 111 ff und 118 ff (= Edition Suhrkamp Nr. 253).
39 *Bericht über die Freiburger Tagung für deutsche Orgelkunst* vom 26. bis 30. Juli 1926, Augsburg 1926, S. 159 f.
40 Ebenda, S. 129
41 K. Straube, *Vorwort* zu Regers Choralfantasie op. 27, C.F. Peters Nr. 11390
42 K. Straube, *Alte Meister des Orgelspiels*, Bd. I; 1904, C.F. Peters Nr. 8989 und Neue Folge 1929, C.F. Peters, Nr. 10682
43 Vgl. R. Brinkmann, *Kritische Musik — Bericht über den Versuch Hanns Eislers*, in: *Über Musik und Kritik*, Mainz 1971, S. 37 (= Veröff. d. Instituts f. Neue Musik u. Musikerziehung Darmstadt, Bd. 11)
44 H. Keller, *Die Orgelwerke Max Regers*, in: Musik und Kirche 8, 1936, S. 155
45 A. Kalkoff, *Die Orgelwerke Max Regers und die neue Orgelbewegung*, in: Max Reger. Festschrift aus Anlaß des 80. Geburtstags des Meisters, Leipzig 1953, S. 51
46 K. Matthei, *Dank an Karl Straube*, in: Festschrift K. Straube zum 70. Geburtstag, Leipzig 1943, S. 95
47 Vgl. ZfM 114, S. 148
48 Vgl. hierzu K. Kropfinger, *Ligeti und die Tradition*, in: *Zwischen Tradition und Fortschritt. Über das musikalische Geschichtsbewußtsein. Neun Versuche*, hrsg. von R. Stephan, Mainz 1973 (= Veröff. d. Instituts f. Neue Musik und Musikerziehung Darmstadt, Bd. 13)
49 Siehe O. Nordwall, *György Ligeti. Eine Monographie*, Mainz 1971, S. 143
50 Ebenda, S. 127
51 Ebenda, S. 128 f
52 G. Ligeti, Spielanweisungen zu *Volumina*, Edition Peters Nr. 5983, Beilage S. 4
53 Brief vom 21. 7. 1973
54 Zur Diagnose dieses Begriffs vgl. auch H. Krüger, *Neue Sensibilität*, in: Neue Rundschau 81, 1970, S. 816 ff.

WALTER BLANKENBURG

Max Reger und das evangelische Kirchenlied

Die Behandlung dieses Themas — das sei gleich zu Beginn festgestellt — ist für das Verständnis Regers als einer ökumenischen Gestalt wider Erwarten ganz besonders geeignet. Längst ist bekannt, daß dessen enges Verhältnis zum evangelischen Kirchenlied nicht etwa als ein innerlicher und geistiger Übertritt zum Protestantismus zu verstehen ist. Reger ist Zeit seines Lebens seiner katholischen Kirche mindestens äußerlich treu geblieben, obwohl er von deren Seite sehr wenig Förderung, um so mehr aber Kritik erfahren hat und obwohl er außer in Weiden und München an deren gottesdienstlichem Leben wohl überhaupt keinen nennenswerten Anteil mehr genommen hat. Freilich darf Elsa Regers Äußerung, ihr Mann habe nie zur evangelischen Konfession geneigt, er sei lediglich hell begeistert gewesen von den wunderbaren Melodien der protestantischen Kirche (1), umgekehrt auch nicht zu dem Mißverständnis führen, Reger habe an den protestantischen Kirchenliedweisen ausschließlich ein musikalisches Interesse gehabt. Zweifellos ginge eine solche Annahme an dessen tatsächlichem Verhältnis zum evangelischen Kirchenlied völlig vorbei.

In Wirklichkeit ist dieses außerordentlich vielschichtig gewesen. Von dem frühen Opus 16 bis zum vorletzten Opus, 145, zieht sich Regers Beschäftigung mit dem protestantischen Choral nahezu durch sämtliche Schaffensperioden. Dabei sind gewisse Werkgruppen zunächst besonders charakteristisch: die sieben Choralfantasien Opus 27, 30, 40 und 52, die Choralvorspielsammlungen Opus 67, 79b und 135a sowie die sieben Orgelstücke Opus 145, ferner die „40 leicht ausführbaren vierstimmigen geistlichen Gesänge zu allen Festen" und die vier Choralkantaten, diese beiden Sammlungen ohne Opuszahl. Verdanken die konzertanten Choralfantasien, die keinerlei liturgische Funktion haben, ihre Entstehung vor allem einer unbeabsichtigten Anregung von Karl Straubes Lehrer Heinrich Reimann (Straube hat darüber in einem Brief an Hans Klotz vom 28. April 1944 berichtet (2), so sind sämtliche übrigen aufgeführten Sammlungen — lediglich mit einer gewissen Ausnahme von Opus 145 — ausgesprochen gottesdienstliche Gebrauchsmusik. (Die Orgelstücke von Opus 145 haben den Charakter von Konzertstücken für besondere Gelegenheiten vornehmlich des Kirchenjahres.)

Es ist hinreichend bekannt, daß Reger bei der Inangriffnahme von Werken mit liturgischer Funktion mancherlei Bitten und Aufträge erfüllte, vor allem des Straßburger Theologieprofessors Friedrich Spitta, des jüngsten Bruders des Bachbiographen Philipp Spitta und — neben Julius Smend — Mitherausgebers der s. Z. bahnbrechenden „Monatsschrift für Gottesdienst und kirchliche Kunst", ferner des sächsischen Kantors Georg Stolz sowie später bei Opus 135a des Hildburghäuser Seminarlehrers J. M. Anding. Aller deren Bitten bezogen sich auf praktische gottesdienstliche Bedürfnisse. Dabei ist allenthalben erkennbar, wie ernst und vollwertig Reger diese Erfordernisse einer gottesdienstlichen Gebrauchsmusik nahm, und nicht zuletzt hat er sich mit diesen — z. T. sehr schlichten — Werken eine hervorragende Stellung in der Geschichte der Kirchenmusik errungen; hatte sich doch damit ein Meister von hohem Rang zum ersten Mal wieder seit sehr langer Zeit in den Dienst der Liturgie gestellt. Weder auf Mendelssohn noch auf Brahms traf das in dieser Weise zu. Und wenn auch Regers Choralkantaten, in die sogar Gemeindegesang mit einbezogen ist, keine Opuszahlen tragen, was bei den „40 leicht ausführbaren vierstimmigen geistlichen Gesängen" mit dem Obertitel ‚Der evangelische Kirchenchor' verständlich ist, so weiß man doch, daß Reger selbst sie keineswegs als Nebenprodukte angesehen hat.

Das Gleiche gilt von den Choralvorspielen, die nicht nur auf Brahms, sondern bewußt auch auf Bachs „Orgelbüchlein" zurückgreifen und doch alles andere als historistische Restauration, sondern bei aller bewußten Anknüpfung an große Vorbilder ein eigenständiges, absolut zeitgemäßes Schaffensgebiet repräsentieren. Reger selbst war der Meinung, daß seine Orgelchoralsammlungen die bedeutendsten seit Bachs „Orgelbüchlein" seien.

Aber mit alledem wäre Reger ja eigentlich gerade n i c h t als eine ökumenische Gestalt im Bereich seines kirchenmusikalischen Schaffens, sondern als Komponist für den evangelischen Gottesdienst ausgewiesen, während demgegenüber lediglich „Die leicht ausführbaren

Kompositionen zum gottesdienstlichen Gebrauch" von Opus 61 für den katholischen Gottesdienst bestimmt waren. Tatsächlich könnte dies so scheinen. Jedoch ist mit den bisherigen Feststellungen von Regers Verhältnis zum evangelischen Kirchenlied noch gar nichts über dessen frömmigkeitsgeschichtliche Seite ausgesagt. Und es ist sodann die Frage nach den Bearbeitungsformen der evangelischen Kirchenliedweisen zu stellen und vor allem auch noch zu untersuchen, ob mit den aufgezählten Werken bereits sämtliche Kompositionen erfaßt sind, in denen das evangelische Kirchenlied verwendet ist. Und schließlich wird von Bedeutung sein, ob Reger besondere Melodietypen bevorzugt sowie auch einzelne Lieder besonders geschätzt hat. Alles dies zusammen kann ja erst Regers Verhältnis zum evangelischen Kirchenlied in seiner Vielschichtigkeit erkennen lassen.

Gehen wir zunächst der Frage nach der Stellung des evangelischen Kirchenliedes in Regers Gesamtwerk weiter nach! Tatsächlich ist mit der aufgeführten gottesdienstlichen Gebrauchsmusik und mit den Choralfantasien nur ein Teilbereich erfaßt. Mindestens im gleichen Maße charakteristisch ist Regers Umgang mit Choralzitaten, das heißt die Verwendung von Kirchenliedmelodien oder auch nur von Melodiebruchstücken in den mannigfachsten musikalischen Zusammenhängen. Ein paar Beispiele:

Bekannt ist die überaus pointierte, von vier Trompeten und vier Posaunen geblasene Einfügung von „Ein' feste Burg ist unser Gott" in den Schluß vom „100. Psalm". Musikalisch ähnlich ist die Verwendung von „Nun danket alle Gott" am Schluß der „Vaterländischen Ouvertüre" (Opus 140), nachdem vorher Vaterlandslieder angeklungen sind. Vielleicht bringen wir heute einem solchen Werk, das 1914 „Dem deutschen Heere" gewidmet wurde, schwer Verständnis entgegen; doch sollten wir mit eventueller Kritik vorsichtig sein, könnten wir doch sonst Regers großer Vaterlandsliebe Unrecht tun. – Im II. Satz vom f-moll-Konzert für Klavier und Orchester (Opus 114) von 1910 sind die Melodieanfänge von „Herzlich tut mich verlangen", „Vom Himmel hoch da komm ich her" und „O Welt, ich muß dich lassen" eingeflochten. Schon in der frühesten Schaffensperiode erfolgten derartige Einstreuungen von Kirchenliedern. In Opus 16, der „Den Manen Johann Sebastian Bachs" gewidmeten Suite e-moll für Orgel, ist im II. Satz, einem dreiteiligen

Adagio, im ersten Teil „Komm, süßer Tod", im zweiten „Aus tiefer Not schrei ich zu dir" und im dritten „Herzlich tut mich verlangen" verwendet. Der Anfang des letzten Liedes klingt auch in Opus 124, „An die Hoffnung" für Alt und Orchester, in den 2. Violinen sowie in den Flöten an. In der Orgelsonate Opus 60 kommt das Weihnachtslied „Vom Himmel hoch da komm ich her" vor. Mit Ausnahme von Opus 124 handelt es sich bei sämtlichen genannten Werken — es ist dies besonders zu beachten — um reine Instrumentalmusik, um Kompositionen also, bei denen somit der für das 19. Jahrhundert so eigentümliche Gegensatz von geistlicher und weltlicher Musik offenbar aufgehoben ist.

Wenn Choralzitate schon in Regers Instrumentalwerken eine Rolle spielen, wieviel mehr können wir sie erst recht in seinen vokalen Kompositionen erwarten! In den „Zwei Passionsgesängen" (Opus 19) klingen die Lieder „Herzliebster Jesu, was hast du verbrochen" und „Es ist das Heil uns kommen her", und zwar teils instrumental, teils vokal und hier dann neu textiert, an. In dem von Karl Hasse vollendeten „Vater Unser"-Fragment wird in der abschließenden Doxologie die Melodie von „Jesus, meine Zuversicht" mit zwei verschiedenen Textunterlegungen aufgenommen, also lediglich die Weise des Liedes verwandt. Eine ausführliche briefliche Äußerung Regers an Karl Straube aus dem Jahre 1906 zeigt uns, daß er bei dem geplanten, jedoch niemals ausgeführten Chorwerk „Vom Tode zum ewigen Leben" den Heilandsruf „Kommet her zu mir alle, die ihr mühselig und beladen seid" vielfältig mit dem Liede „Jerusalem, du hochgebaute Stadt" kombinieren wollte. (3)

Von besonderer Bedeutung sind für unseren Zusammenhang die beiden Gesänge für Soli, Chor und Orchester Opus 144a und 144b, „Der Einsiedler" und das „Requiem". Im „Einsiedler" über das bekannte Eichendorff-Gedicht „Komm Trost der Welt, du stille Nacht" ist die Melodie von Heinrich Isaacs kontrafizierter Innsbruckweise fraglos in Erinnerung an deren Verwendung bei Paul Gerhardts Abendlied „Nun ruhen alle Wälder" eingeflochten, und zwar derart, daß die erste, dritte, vierte und letzte Melodiezeile des sechszeiligen Liedes im Orchester erklingen, während die zweite der Chorsopran, unterstützt von Trompeten und Posaunen, überaus sinnvoll zu den Worten „zu Gottes Lob im Hafen" singt. (Der textliche Zusammenhang lautet: „Komm Trost der Welt, du stille Nacht! / Wie steigst du von den Bergen sacht, / die Lüfte alle schlafen. / Ein Schäfer nur noch wandermüd' / singt übers Meer sein Abendlied / zu Gottes Lob im Hafen." — Reger sagte von diesem Gedicht in tiefer Ergriffenheit: „Ein wundervoller, über alle Maßen schöner Text!" (4)

Im „Requiem" über eine Hebbelsche Dichtung, das „Dem Andenken der im großen Kriege gefallenen deutschen Helden" gewidmet ist, mündet gegen Ende der Chorsopran in die beiden Stollenzeilen und in die erste Zeile des Abgesangs von Hans Leo Haßlers Melodie zu „Herzlich tut mich verlangen" ein, zweifellos in Erinnerung an die Strophen „Wenn ich einmal soll scheiden" aus Paul Gerhardts Lied „O Haupt, voll Blut und Wunden", das nach dieser Weise gesungen wird. Dabei ist den drei Melodiezeilen jeweils der Text „Vergiß sie nicht, die Toten!" unterlegt. — Das besonders Bemerkenswerte an der Choralverwendung in Opus 144a und 144b, insbesondere im „Einsiedler", ist das unvermittelte Hineingleiten in einen Cantus firmus, so daß man bei Reger neben einer gleitenden Harmonik auch von einer gleitenden Melodik sprechen kann. Wie wichtig ihm beide Schöpfungen von Opus 144 waren, bezeugt er in einem Brief an seinen Verleger N. Simrock vom 31. August 1915, wo er schreibt: „Ich glaube sagen zu dürfen, daß diese beiden Chorwerke mit das Schönste sind, was ich je geschrieben habe!" (5)

An beiden Werken von Opus 144, bei denen wiederum der Unterschied Geistlich-Weltlich aufgehoben zu sein scheint, wird nun vollends deutlich, daß für Reger Kirchenliedweisen mehr waren als nur musikalisches Material. Mit diesen verbanden sich bei ihm bestimmte geistige, persönlich tief empfundene Reminiszenzen, je nach dem, in welchem Zusammenhang eine Melodie erscheint. So konnte die genannte Innsbruckweise ihn entweder an den Text von „O Welt, ich muß dich lassen" oder auch an Paul Gerhardts Abendlied „Nun ruhen alle Wälder" erinnern. Rudolf Walter hat nachgewiesen, daß Regers erste umfangreiche Begegnung mit evangelischen Kirchenliedweisen durch Hugo Riemanns „Handbuch des Generalbaßspiels" erfolgte, in dem zahlreiche Melodiebeispiele als Übungsmaterial stehen und daher lediglich mit der Angabe des Textbeginns versehen sind. (6)

Es könnte somit tatsächlich sein, daß die protestantischen Choralweisen für Reger in Sondershausen und Wiesbaden zunächst rein musikalische Bedeutung hatten. Daß es dabei aber nicht geblieben ist, ja daß Reger wahrscheinlich sehr bald, sicherlich bereits in Wiesbaden, in die geistigen Tiefenschichten der evangelischen Kirchenliedweisen eingedrungen ist, steht außer Zweifel. Mit ihnen verbanden sich je nach Textierung oder auch lediglich nach einer Bezeichnung dann jeweils ein bestimmter geistiger Gehalt und eine bestimmte Frömmigkeitsäußerung. Sie wurden für ihn im wörtlichen Sinne zu ergreifenden Sinnbildern, von denen er selbst ergriffen wurde, die er mit der ganzen Gewalt, Wärme und Tiefe seines Empfindungsvermögens nacherlebte. Das beweisen bereits die Choralfantasien, in denen er die betreffenden Lieder musikalisch durchmeditiert und sogar durchtextiert hat. Das zeigt sich auch, um ein weiteres Beispiel anzuführen, in der Choralkantate „O Haupt, voll Blut und Wunden", etwa wenn in der zweiten Strophe der Cantus firmus zeichenhaft rein instrumental allein von der Solovioline ausgeführt wird, während der Solotenor den Text der Strophe in einer freien kontrapunktischen Stimme wiedergibt, und wenn er in der fünften Strophe allein vom Orgelpedal gebracht wird. Auch das echohafte, nicht vom Text her begründete Nachklingen von Zeilenschlüssen in der vierten und neunten Strophe dieser Kantate zeigt Regers Cantus-firmus-Verständnis. Diese letzte Technik begegnet auch mehrfach in seinen Orgelchorälen, so in Opus 67 bei „O Welt, ich muß dich lassen", wo jeweils die drei letzten Noten jeder Zeile — bei der letzten sind es vier — nachklingen. Bei dem Orgelchoral „Vater unser im Himmelreich" von Opus 67 wird sogar stets die vollständige Zeile im pp auf dem zweiten Manual wiederholt.

Mit derartiger Cantus-firmus-Behandlung hängt zusammen, daß Reger nur in den liturgisch gebundenen Werken rhythmische Melodieformen verwendet hat; denn in diesen nahm er Rücksicht auf die landeskirchlich gebräuchlichen Gesangbücher. Im Grunde aber entsprechen seiner Vorstellung und seiner Empfindungstiefe vor allem funktional bestimmte isometrische und nicht rhythmisch bewegte, womöglich noch kirchentonale Melodieformen; denn nur isometrische Choräle eigneten sich zur Verwendung als geistige Sinnbilder, die — nicht auf einzelne Worte bezogen — mystische Tiefen öffnen.

Nur die isometrische Gestalt einer Weise, in der jeder Ton vielfältige Harmonisierungsmöglichkeiten in sich birgt, erlaubt das erstrebte Maß von expressiver, klanggesättigter Ausdeutung, zu der es Reger beim Komponieren drängte. Und nur diese Melodiegestalt paßte zur Verwendung als rein instrumentales Choralzitat; das zeigt sich schon, wenn auch unter ganz anderen geschichtlichen Voraussetzungen, im Schaffen Johann Sebastian Bachs. Kein Zufall, daß es bei Reger vor allem Adagio-Sätze sind, in die solche Zitate eingestreut werden, so wie es bereits in Opus 16 und später noch wieder in Opus 114 geschehen ist. Und kein Zufall, daß unter den Melodien der Choralfantasien sich so typisch und genuin isometrische wie „Straf mich nicht in deinem Zorn", „Alle Menschen müssen sterben" und vor allem „Halleluja! Gott zu loben" befinden! Diese letzte von Georg Bäßler stammende und zuerst im Elberfelder Gesangbuch von 1806 zur Bereimung von Psalm 106 des Matthias Jorissen erschienene Weise — Text und Melodie stehen noch heute im Anhang der rheinisch-westfälischen Ausgabe des Evangelischen Kirchengesangbuches — ist in der ersten Zeile nichts anderes als das Plagiat einer nicht originalen, aber allgemein verbreiteten Fassung der Weise von „Was Gott tut, das ist wohlgetan", die ihrerseits fast genau mit der ersten Zeile von „So wünsch ich mir zu guter Letzt" aus dem Schemellischen Gesangbuch von 1736 übereinstimmt. Man muß sich fragen, wie Reger zur Bearbeitung einer solchen wenig originellen und künstlerisch nahezu bedeutungslosen Melodie gekommen ist. Den äußeren Anstoß hat sicherlich Karl Straube vom niederrheinischen Wesel aus gegeben. Der tiefere Grund aber lag gewiß in der isometrischen, harmoniebestimmten Gestalt der Weise, die — von daher betrachtet — gute Möglichkeiten der kompositorischen Bearbeitung bot. Auch die übrigen in den Choralfantasien verwendeten Weisen erscheinen selbstverständlich nicht im ursprünglichen, sondern im späteren ausgeglichenen Rhythmus.

Das, was bei Reger allzu leicht als bloßer Gefühlsüberschwang, ja womöglich als Sentimentalität oder gar als Pathos mißverstanden werden kann und oft genug mißverstanden worden ist, das ist in Wahrheit Ausdruck und Offenbarung einer irrationalen Wirklichkeit, die in seinem Schaffen zum Durchbruch kommt. Damit hängt zutiefst zusammen, daß bei ihm die Vorstellung von der Gewalt und Heiligkeit Gottes mit mystischer Verinnerlichung und dem Erleben einer geradezu bedrängenden, überwältigenden transzendenten Wirklichkeit und daher auch mit häufiger Todesahnung Hand in Hand gegangen ist und ihn ständig begleitet hat. Daher rührt auch seine Hinneigung zu bestimmten Liedern, zu Luthers „Ein' feste Burg ist unser Gott", das für ihn den Inbegriff göttlicher Erhabenheit symbolisiert haben mag, ferner zu den mystischen und zugleich kongenial melodisierten Dichtungen Philipp Nicolais „Wie schön leuchtet der Morgenstern" und „Wachet auf, ruft uns die Stimme", sodann zu dem kindlichen „Vom Himmel hoch da komm ich her" — Reger hat sich offenbar einen Zug kindlicher Frömmigkeit stets bewahrt — und nicht zuletzt zu den Sterbeliedern „O Welt, sieh hier dein Leben" und „Wenn ich einmal soll scheiden" (um nur die wichtigsten Beispiele zu nennen). Ganz vorzugsweise neigte Reger von seinem sehr persönlich bestimmten Glaubensleben her zu sogenannten Ich-Liedern, in denen menschliche Anliegen besonders zum Ausdruck kommen.

Mit einer Kirchenliedweise verband sich für Reger offenbar so etwas wie ein über alle Zufälligkeit des Daseins hinausweisender Lichtstrahl aus der überirdischen göttlichen Welt. Diese Deutung darf keinesfalls romantisch-lyrisch, sondern muß ganz real verstanden werden. Vielleicht wird dies am besten an der Motette „O Tod, wie bitter bist du" aus Opus 110 erkennbar. In ihr wird zunächst die ganze Bitterkeit und Unerbittlichkeit des Todes in schneidendem Realismus vor dem Hörer ausgebreitet, bis dann gegen Ende nach einem verminderten Septimensprung abwärts im Unisono aller Stimmen von c" nach dis' bzw. von c' nach dis in stärkstem Kontrast im ppp ein quasi-Choralsatz im Molto largo zu den Worten „O Tod, wie wohl tust du" folgt. Das, was der biblische Text abschließend über den Tod aussagt, vermag Reger musikalisch nur in der symbolhaften Gestalt eines chorallähnlichen Satzes wiederzugeben. Auch in den beiden anderen Motetten von Opus 110 nimmt der quasi-Choralsatz einen bedeutungsvollen Platz ein, ja sogar in den Variationen über ein Thema von Mozart (Opus 132) spielt er eine wichtige Rolle. Erwähnt seien auch noch die Werkgruppen Opus 137 und 138, die „Zwölf geistlichen Lieder" und die „Acht geistlichen Gesänge", wenn freilich es sich hierbei insgesamt um liedmäßige Kompositionen, jedoch ohne vorgegebene Melodien, handelt. Vor allem bei Opus 137, das man oft mit Bachs Schemelli-Liedern verglichen hat, wird erkennbar, was Reger grundsätzlich unter einem Choral verstanden hat, eine Weise nämlich, die von einer inbrünstigen persönlichen Frömmigkeit durchglüht ist und gerade darum ein überirdisches Licht aufleuchten läßt. Regers Vorstellung von einer Kirchenliedweise knüpft viel weniger an reformatorische Melodien, jedenfalls nicht an deren originale rhythmische und modale Gestalt an, sondern an die subjektivistisch geprägte „Aria" des pietistischen Zeitalters, an das geistliche Generalbaßlied, das vorzugsweise als häusliches, oft solistisch gemeintes Andachtslied geschaffen worden ist.

Abschließend sei nunmehr folgendes gesagt: Gerade diese eigentümliche Vorstellung Regers vom protestantischen Kirchenlied in einer Zeit, da man längst um die Wiedergewinnung von dessen originalen rhythmischen Melodien bemüht war, worum aber Reger sich nicht gekümmert hat, wird nur aus einer Synthese von katholischer und evangelischer Frömmigkeit verständlich. Gewiß spielen bei ihm auch noch weitere zeitbedingte Faktoren mit, so vor allem der bohrende individualistische Subjektivismus, der für das Geistesleben um die letzte Jahrhundertwende so charakteristisch ist. Dieser aber erscheint bei Reger überwältigt von irrationalen Durchbrüchen und sich auftuender mystischer Tiefe. Daß dies erfolgt, ist, vor allem im Umgang mit dem evangelischen Kirchenlied, von großer geschichtlicher Tragweite. Hier sind erneut katholische und evangelische Frömmigkeit einander begegnet, wie es in der Kirchengeschichte seit den Tagen der Reformation wiederholt geschehen ist. Mehrfach hat die Glut der Mystik und Innerlichkeit an die Pforten des zum Rationalismus neigenden Protestantismus angeklopft, das sich dann jeweils ganz besonders in der Geschichte des Kirchenlieds und der Kirchenmusik auswirkte. So geschah es um 1600 bei Philipp Nicolai und wenig später bei Paul Gerhardt sowie bei beider Zeitgenossen und danach rund einhundert Jahre später wieder im Zeitalter des Pietismus, vor allem, als ein Gerhard Tersteegen seine Lieder schuf. Man denke an die außerordentliche Bedeutung, die der aus der bernhardinischen Mystik des hohen Mittelalters hervorgegangene Text „Jesus dulcis memoria" in der Musikgeschichte beider christlicher Konfessionen durch das ganze 17. Jahrhundert hindurch gehabt hat, sei es in der lateinischen Originalfassung, sei es in deutscher Übertragung wie z. B. von Martin Mollers „O Jesu süß, wer dein gedenkt". Es braucht hier nur an zwei so verschiedene Gestalten wie Schütz und Buxtehude erinnert zu werden. Auch bei Max Reger ist es zu einer solchen inneren Begegnung beider Konfessionen gekommen, und ich möchte meinen, daß darin seine eigentliche ökumenische Bedeutung liegt und daß er mit seiner Wärme und Inbrunst, von der nicht zuletzt seine Kirchenliedbearbeitungen erfüllt sind, über alle konfessionellen Verschiedenheiten hinweg geradezu eine Mission an der gegenwärtigen nüchternen und rechnenden Zeit hat. Das aber hat kaum etwas mit der so viel zitierten Nostalgie in dem modischen Sinn, in dem dieses Wort heute gebraucht wird, zu tun. Nicht um Heimweh und Heimkehr zu Reger geht es, sondern um das Vernehmen seiner geschichtlichen Wirklichkeit und um die Verheißung seines Werks für unsere heutige menschliche Existenz.

Literatur

1 vgl. Mitteilungen des Reger-Instituts, 16. Heft, 1961, S. 20
2 vgl. „Karl Straube – Briefe eines Thomaskantors", hrsg. von Wilibald Gurlitt und Hans-Olaf Hudemann, Stuttgart 1952, S. 234 f.
3 vgl. „Karl Straube zu seinem 70. Geburtstag. Gaben der Freunde", Leipzig 1943, S. 69 ff.
4 vgl. „Max Reger. Briefe zwischen der Arbeit – Neue Folge", hrsg. von Ottmar Schreiber, Bonn 1973, S. 280
5 „Briefe zwischen der Arbeit – Neue Folge" S. 280
6 vgl. R. Walter „Die Gesangbuchquellen der Choralbearbeitungen Max Regers", Kirchenmusikalisches Jahrbuch 36. Jahrgang, 1952, S. 64 ff.

RUDOLF WALTER

Max Regers Beziehungen zur katholischen Kirchenmusik

Max Reger entstammte einem deutschen Lehrerhaus des 19. Jahrhunderts und wurde von dessen geistigem Milieu geprägt. Außer dem Vater waren vier Oheime, drei Brüder des Vaters und ein Schwager der Mutter, Lehrer. (1) Auch sein erster Klavierpädagoge, der Organist der katholischen Gemeinde Weiden, Adalbert Lindner, gehörte dem Lehrerstand an. Dadurch dürften sich Regers Arbeitsfleiß und Ordnungssinn, doch auch seine Vorliebe für rote Tinte, (1a) die Pedanterie bei Vortragsangaben und Anweisungen für den Stecher in Kompositions-Manuskripten und in Partitureinrichtungen für die Meininger Kapelle, die ans Pathologische grenzenden Wiederholungen in Briefen erklären.

Mit der Lehrerausbildung war obligatorisch eine musikpädagogische und kirchenmusikalische Schulung verbunden, weil jeder Lehrer befähigt werden sollte, Gesangsunterricht in der Schule zu erteilen und die kirchenmusikalischen Aufgaben seines Wirkungsortes zu erfüllen. Da der junge Reger zum Lehrer bestimmt war und sich hervorragende musikalische Veranlagung zeigte, wurde er schon im Elternhaus für diese Aufgaben vorbereitet. Orgel- und Harmonielehreunterricht des Vaters, allmählicher Einsatz als Hilfsorganist der katholischen Gemeinde durch Lindner, brachten den Heranwachsenden früh mit Kirchenmusik in kleinstädtischem Zuschnitt in Berührung. Ferienaufenthalte bei einem Onkel in Königswiesen bei Regensburg eröffneten die Möglichkeit, kurze Einblicke in die kirchenmusikalische Praxis der Regensburger Kathedrale zu gewinnen. (2)

Die religiöse Haltung des Vaters charakterisierte der Reger-Biograph Fritz Stein so: „Er gab der Kirche, was ihr gebührte, behielt sich aber sonst die eigene ‚aufgeklärte' Meinung vor." (3) Das Verhältnis der Volksschullehrer zu Klerus und Kirche war in der Zeit des „geistlichen Ortsschulinspektors" — einer Aufsicht, die nicht überall streng fachlich und sachlich ausgeübt wurde — mancherlei Belastungen ausgesetzt. Das führte zum Zusammenschluß der Lehrer in Vereinen, zu unerquicklichen Polemiken und distanzierter religiöser Haltung der

Pädagogen. „Der gesamte bayerische Lehrerstand nahm damals, während der Amtszeit des Kultusministers Lutz, eine religiös liberale Haltung ein." (4) Vermutlich wurde der jugendliche Reger von diesen Strebungen frühzeitig berührt, da sein gottesdienstliches Orgelspiel vom Klerus bald kritisiert wurde. (5)

Weiden gehört seit Jahrhunderten zur Diözese Regensburg. In den Jahrzehnten des ausgehenden 19. Jahrhunderts wirkten in Regensburg und in den Gemeinden des Regensburger Sprengels die führenden Männer des „Cäcilianismus", einer kirchenmusikalischen Erneuerungsbewegung nach dem Vorbild der „altklassischen Polyphonie." (6) Durch Gründung des „Allgemeinen Cäcilienvereins" (F. X. Witt 1868), General-, Diözesan-, Dekanatstagungen, Herausgabe von Zeitschriften (Fliegende Blätter für katholische Kirchenmusik, Musica sacra, Der Kirchenchor), eines kirchenmusikalischen Jahrbuchs, von Notenpublikationen suchten sie ihre Vorstellung einer nach historischem Vorbild restaurierten Kirchenmusik zu verbreiten und durchzusetzen. Geistige Grundlagen und Voraussetzungen hatten u. a. Schriften E. Th. A. Hoffmanns, M. Sailers, C. von Winterfelds, Sammelausgaben von mehrstimmigen Vokalkompositionen durch Carl Proske und Choralausgaben F. X. Haberls geschaffen. Als Stadt mehrerer Kirchenmusikverlage war Regensburg ein geeignetes Zentrum. 1874 wurde eine Kirchenmusikschule gegründet, die in sechsmonatigen Kursen in diese Bestrebungen einführte (7) und rasch internationales Ansehen gewann. Eine Briefstelle Regers aus Königswiesen, (8) Kompositionen wie ein (verlorenes) 5stimmiges Kyrie, 5stimmiges Tantum ergo (1895), 4stimmiges Offertorium Gloriabuntur, die Sammlung „Leicht ausführbare Kompositionen zum gottesdienstlichen Gebrauch", op. 61 (1901), briefliche Kontaktaufnahme mit F. X. Haberl, J. Renner, W. Widmann in den Jahren um 1900 belegen, daß Reger um diese Bewegung und ihre wesentlichen Köpfe nicht nur wußte, sondern die gewünschten stilistischen Merkmale für Neukompositionen genau kannte und mühelos nachzuahmen verstand.

Über die kirchenmusikalische Praxis der katholischen Gemeinde Weidens besitzen wir bisher nur die knappen Mitteilungen A. Lindners. Sie beziehen sich fast ausschließlich auf Orgel und Orgelspiel.

Deswegen dürfte angezeigt sein, aus archivalischen Quellen einiges zu ergänzen. (9)

Die Weidener Michaelskirche, eine spätgotische Hallenkirche mit barocker Innenausstattung, (10) diente von 1652—1900 als Simultankirche, d. h. evangelische und katholische Gemeinde hielten darin ihre Gottesdienste ab. (11) Nach der Pfarreibeschreibung des katholischen Pfarrers Alois Weber vom Jahr 1860 wurde das Gotteshaus an Sonn- und Feiertagen nach folgendem Zeitplan beansprucht: 6^h katholische Frühmesse, 7^h oder 7.15^h katholischer Pfarrgottesdienst, 9^h evangelischer Pfarrgottesdienst, 12^h katholische Christenlehre, 13^h evangelische Christenlehre, 14^h katholischer Vespergottesdienst, 15^h evangelische Volkspredigt.

Die kirchenmusikalischen Funktionen leiteten auf katholischer Seite die drei Volksschullehrer, wovon der erste Chorregent, der zweite Organist, der dritte Kantor war. Sie wohnten im simultanen Schulgebäude neben der Kirche. Während der Chor (und vielleicht ein Streichorchester) aus freiwilligen Mitwirkenden bestand, hatte die Bläser der Stadttürmer zu stellen, (12) der sich (mit kirchenmusikalischen Verpflichtungen) seit 1576/77 auf dem Michaelsturm nachweisen läßt. (13) Noch im ,,Vertrag über Aufhebung des Kirchensimultaneums" vom 31. Juli 1899 findet sich die Bestimmung: ,,Die etatsmäßige Besoldung des Stadtthürmers im Betrage von M 74, 78 . . . pro Jahr wird für Lebzeiten des Thürmers Hörl — die katholische Kirchenstiftung bedarf in Zukunft eines Thürmers nicht mehr — von beiden Kirchengemeinden bestritten." (14)

Nach der Dienstinstruktion vom 14. 4. 1844 (15) mußte der Stadttürmer einen Gesellen und einen Lehrling halten und für Aushilfen durch Dilettanten sorgen. Bei den Gottesdiensten hatte er mit wenigstens drei Bläsern (außer seiner Person) zu erscheinen. Als Besetzung war ihm vorgeschrieben:

> An Hochfesten bei Amt und Vesper Trompeten und Pauken. Am ersten und letzten Adventssonntag, an Mariae Lichtmeß, Laetare, Mariae Heimsuchung, Mariae Opferung und den sechs Jahrmärkten Zinken und Posaunen. Nach Belieben des Rectors (16) konnten an deren Stelle Oboen und Waldhörner treten.

In der erwähnten „Pfarreibeschreibung" wird die Musikpflege so gekennzeichnet: (17) „Es findet Vokal- und Instrumentalmusik statt; die Orgel wird das ganze Jahr gespielt. Der Text ist gewöhnlich lateinisch, stimmt aber nicht immer mit dem Officium überein. (18) Die Musik ist gut. Volksgesang findet nur statt bei den Roratemessen, Ölberg- und Kreuzwegandachten; auch singen die Schulkinder öfter in den Schulmessen." (19)

Über die Literatur, die der Kirchenchor der kath. Gemeinde Weiden in den 80er Jahren des 19. Jahrhunderts sang, schweigt A. Lindner; in Pfarrarchiv und Notenbeständen des Kirchenchors von St. Josef ließen sich keine Aufzeichnungen finden. Doch kann man aus Regensburger Kirchenmusik-Ausgaben seit der Jahrhundertmitte, aus den Jahrgängen 1868–1888 von „Fliegenden Blätter für kath. Kirchenmusik" (herausgegeben von F.X. Witt), den Jahrgängen 1876–1888 des „Caecilien-Kalender" (ab 1886 „Kirchenmusikalisches Jahrbuch", redigiert von F.X. Haberl) und alten Notenbeständen des Kirchenchors von St. Josef jene Komponisten namhaft machen, deren Werke musiziert worden sein dürften. A-cappella-Werke des 16./17. Jahrhunderts wurden in Karl Proskes Sammlung „Musica divina" bereitgestellt, deren 4 Teile 1853, 55, 59, 63 in Regensburg erschienen waren. Daraus dürfte die eine und andere Messe von G. Gabrieli, H. L. Hassler, O. di Lasso, G. P. da Palestrina, L. da Vittoria gesungen worden sein. Für Vespern bot Tomus III Falsibordoni, Antiphonen und Hymnen; für das „Magnificat" dürfte die von F.X. Haberl edierte Sammlung „XXIV Magnificat octo tonorum" (Regensburg 1879) zusätzlich benützt worden sein. Nicht weniger mögen die Musikbeilagen der „Fliegenden Blätter" das Repertoire beeinflußt haben, die als Cäcilienvereins-Gaben mit Aufführungsmaterial gesondert angeboten wurden. Hauptsächlich enthielten sie Propriensätze, Gradualien, Sequenzen, Offertorien, doch auch sehr schlichte Ordinarien, Karwochen-, Fronleichnams-, Sakramentsgesänge, Vertonungen von „Ecce sacerdos", „Te Deum", „Litaneien", und stammten von F.X. Witt und anderen Caecilianern. Eine 3. Gruppe können wir in jenen Vertonungen sehen, die im 1870 begonnenen „Caecilienvereins-Katalog" verzeichnet waren. Namen wie C. Aiblinger, C. Ett, C. Greith, M. Haller, J. Hanisch, C. Jaspers, A. Kaim, F. Koenen, F. Nekes, J.E. Mettenleitner, J. Mitterer,

P. Piel, J. Renner sen., J. Singenberger, H. Wiltberger begegnen wir dabei. Schließlich dürften an Hochfesten orchesterbegleitetete Kompositionen erklungen sein, wofür M. Brosig, R. Führer, K. Kempter, G.E. Stehle, J.G. Zangl beliebte Autoren waren. Als künstlerische Höhepunkte können wir die eine oder andere Orgelmesse J. Rheinbergers und vielleicht die „Missa choralis" (1865) F. Liszts vermuten, dagegen keine lateinischen Messen von J. Haydn, W.A. Mozart, L. van Beethoven, F. Schubert, die von den Caecilianern als „unkirchlich" qualifiziert waren. Daß der von Klavierliteratur Beethovens, Schuberts, Schumanns, Brahms', klassischer und romantischer Kammer- und sinfonischer Musik und Bühnenwerken R. Wagners fasziniert junge Reger diesem Angebot wenig Geschmack abgewinnen konnte, liegt auf der Hand.

Lindners Angaben über die Orgel (20) enthalten einige Irrtümer. Nicht das Klangwerk, sondern der Prospekt stammte vom Orgelbau, den Paul Koch, Zwickau, und sein Eidam Hermann Raphael Rettenstein (Rottenstein) 1564/65 ausgeführt hatten. Das Gehäuse fertigte der Schreiner Erhard Ditzmann aus Eger. Das Instrument wurde 1791/92 durch Orgelmacher Andreas Bock aus Trauschendorf bei Weiden „wie neu hergestellt" und verlor bei diesem Umbau das Rückpositiv. (21) Dieses 1815 von Michael Weiss, Nabburg, reparierte Instrument baute Mitte des 19. Jahrhunderts Orgelbaumeister Ludwig Weineck, Bayreuth, um.

Die Disposition lautete vor und nach dem Umbau: (22)

Hauptwerk
Prinzipal 8' (Prosp.)
Gambe 8'
Gedeckt 8'
Oktave 4'
Gedeckt 4'
Quinte 3'
Oktave 2'
Oktave 1'
Mixtur 1' 3fach

Prinzipal 8' (Prosp.)
Gambe 8' (neu)

Gedeckt 8'
Amorosa 8'
Oktave 4'
Gedeckt 4'
Quinte 3'
Oktave 2'
Mixtur 2' 4fach (neu)

Oberwerk
Amorosa 8'
Salizional 8'
Gedeckt 4'
Oktave 2'

Flauto traverso 8' (neu)
Salizional 8'
Gedeckt 4'
Fugara 4' (aus der alten Gambe)

Pedal
Subbaß 16'
Violonbaß 8'

Subbaß 16'
Oktavbaß 8'
(Neu, da die alten Register durch Wurmbefall unbrauchbar waren.)

Das Instrument besaß Schleifladen mit mechanischer Traktur. Der Tonumfang in den Manualen betrug 47 Töne — nach Zeitbrauch dürfte das C — d^3 mit kurzer großer Oktave entsprochen haben — der Pedalumfang ist nicht genannt. Eine Manualschiebekoppel war vorhanden, eine Pedalkoppel mit Registerzug wurde neu eingerichtet. Vor dem Umbau stand das Instrument ¼ Ton über Normalton. Durch Zusatz der tiefsten Pfeife jedes Registers (und Höherziehen des vorhandenen Pfeifenwerks um einen ¼ Ton) wurde die Orgel auf Normalstimmung gebracht, da sie „mit den Blas-Instrumenten nicht in Einklang steht".

Max Reger spielte in den Jahren 1886 bis 1889 demzufolge ein Schleifladen-Instrument mit vollmechanischer Traktur, doch mit einer dem Stil des 19. Jahrhunderts angepaßten Disposition und Intonation. Ein „modernes" und etwas größeres Werk konnte er in der Simultankirche Erbendorf während des Ferienaufenthaltes bei Onkel Theodor Roll, dem dortigen katholischen Organisten, spielen. Diese 21stimmige Orgel war 1884 von der Firma G. F. Steinmeyer, Oettingen, mit Kegelladen und mechanischer Traktur gebaut worden. (23) „Schon als Zwölfjähriger saß er [Max Reger] an ihr und spielte im Gottesdienst." (24) Auch dieses Instrument stand hinter historischem Prospekt, der heut noch existiert. Die elegant geschwungene Anlage mit 2füßigem Oberwerk, eine Schöpfung des Rokoko, hatte bis 1802 die Franziskanerkirche Kemnath geziert. (25) Hier probierte Reger Ende September 1900 sein Opus 40,1 aus, die Choralfantasie „Wie schön leucht't uns der Morgenstern". (26)

Vom Ferienort Königswiesen bei Regensburg, einem dem Onkel J. B. Ulrich gehörenden Herrschaftssitz, schrieb der 14jährige Reger am 8. August 1887 über Orgel und Organisten des Regensburger Doms: „Die Orgel hat zu wenig Wind. Ich verstehe nicht, wie man sich an einem Hauptsitz cäcilianischer Kirchenmusik mit solcher Orgel begnügt! Die akustischen Verhältnisse sind sehr ungünstig. Der Herr Domorganist (27) spielte ein wenig zu rasch. In Weidens Kirche würde sich sein Spiel wahrhaftig großartig ausnehmen. Aber in dem riesigen Raum!! . . . Die Responsorien werden höchst eigentümlich genommen. (Oft Lisztsche Akkordfolgen. (28)) Fast immer wird mit einem Moll-Akkord geendet". (29)

Diese Domorgel hatte 1838/39 Johann Heintze, „bürgerlicher Orgelbauer in Nürnberg", nach Abschluß der Regotisierung der Kathedrale durch König Ludwig I. aufgestellt. Auf einem Manual und Pedal besaß das Schleifladenwerk 13 Register und stand — wie noch die gegenwärtige — im „Kapellenraum unter dem Hochaltar". (30) Am 27. April 1905 wurde sie zum letzten Mal gespielt, dann von einem Instrument mit pneumatischer Traktur und 25 Registern auf 2 Manualen und Pedal der Firma Binder und Sohn, Regensburg, abgelöst. Regers Kritik, daß die Orgelmusik „an einem Hauptsitz cäcilianischer Kirchenmusik" unterbewertet wäre, traf ins Schwarze. Daraus sollten ein reichliches Jahrzehnt später Unverständnis und Ablehnung seiner Orgelkompositionen erwachsen.

Erst in der evangelischen Marktkirche Wiesbaden lernte Reger in den 90er Jahren ein 3manualiges Instrument genauer kennen. 1863 von Firma E. F. Walcker, Ludwigsburg, gebaut, besaß die Orgel auf mechanischen Kegelladen 53 Register auf 3 Manualen und Pedal. An Spielhilfen wies sie neben Normalkoppeln 4 feste Kombinationen und Crescendo auf, ihr 2. Manual war als Schwellwerk konstruiert. (31) Nach dem Zeugnis A. Nickels probierte Reger 1892/93 hier eigene Orgelstücke aus. (32) In den Registrierangaben der 1898 bis 1901 in Weiden geschriebenen Orgelkompositionen, besonders in der Choralfantasie „Ein' feste Burg" und in der „Sonate fis-moll", lassen sich dispositionelle Einzelheiten der Wiesbadener Marktkirchen-Orgel nachweisen.

Bereits die musikalische Eigenart des jugendlichen Max Reger hob sich deutlich vom Spiel damaliger katholischer Kirchenorganisten ab; der heranreifende Künstler war auch nicht bereit, sich anzupassen. So erwuchsen Widerstände, wiederholt lesen wir, daß sein gottesdienstliches Orgelspiel beanstandet, ja untersagt wurde. Am 23. 11. 1889 schrieb er an Hugo Riemann: „So habe ich z. B. seit 5—6 Jahren hier an Sonn- und Feiertagen die Orgel in der Kirche gespielt. Nunmehr hat man mir bedeutet, doch anders zu spielen, da die Leute bei meinem Spiel in ihrer Andacht gestört würden und die Orgel großen Schaden leiden müßte". (33) In der ersten Zeit nach seiner Rückkehr ins Elternhaus spielte er wiederum zum sonn- und festtäglichen Gottesdienst. „Durch die Kleinlichkeit und das ungeschickte Verhalten eines ganz unmusikalischen katholischen Geistlichen wurde Reger in seinem ihn ganz beherrschenden künstlerischen Empfinden tief verletzt". (34) Entsetzt sei, so berichtet Rudolf Huesgen, (35) der Stadtpfarrer zu Lindner in die Schule gekommen und habe ihn dringend ersucht, Reger die Orgel zu verbieten. Darauf scheint sich der Passus im Brief an Gustav Beckmann, Essen, vom 15. 1. 1900 zu beziehen: (36) „Ich selbst habe seit 1895 leider nicht mehr Orgel gespielt, — und o Graus! — hier darf ich es nicht, da man fürchtet, ich könnte die Orgel ruinieren (eine Orgel, die schon unter aller Kanone ist!). Nun soll hier eine neue gebaut werden, aber wenn sie fertig ist, darf ich sie doch nicht spielen. Das kommt daher, weil hier niemand eine Ahnung hat, was virtuoses Orgelspiel ist, und wenn da mal ein Sechzehntel gespielt wird, so glauben die Leute, die Orgel wird ruiniert."

In München behandelte man den Schöpfer einer stattlichen Folge von Orgelkompositionen nicht rücksichtsvoller. Am 1. November 1902 berichtete Reger dem Musikhistoriker Theodor Kroyer: „In der Haidhausener katholischen Johanniskirche habe ich per Gelegenheit 2—3 x beim Kindergottesdienst (Sonntag vormittags) die Orgel gespielt, nachdem ich seit 12 Jahren keine Orgel mehr gespielt habe! Nun ist mir bedeutet worden, ich dürfte nicht mehr spielen, da dadurch, daß ich spielte, die Leute zu sehr in ihrer Andacht gestört würden; kein Mensch könnte mehr beten! — Famos!" (37)

Überwiegend trübe Erfahrungen sammelte Reger auch mit katholischen Kollegen und Kirchenvorständen. Dem Direktor der Münchener Akademie, Joseph Rheinberger, dem er als Jüngling Kompositionsversuche eingereicht hatte, (38) schrieb er 1900/01 vier Briefe und besuchte ihn zweimal persönlich. (39) Nachdem er Rheinberger Exemplare von op. 27, 29, 33 übermittelt hatte, widmete er ihm Opus 46. Während der Akademiedirektor schriftlich einen freundlichen Dank für die Widmung sandte, soll er bei Regers zweitem Besuch im Herbst 1901 (40) Fantasie und Fuge über B—A—C—H herb beurteilt haben. Vorgerücktes Alter und schwere Erkrankung lassen verständlich erscheinen, daß Rheinberger sich für Kompositionen des Jüngeren nicht einsetzte. — Gleiches erfuhr Reger von dem Rheinberger-Schüler und Regensburger Domorganisten Joseph Renner (41). Dessen Orgelsonaten zollte Reger brieflich warme Anerkennung, die zweite besprach er in „Monatschrift für Gottesdienst und kirchliche Kunst" (42) positiv und lobte sie im Gespräch mit Rheinberger. Von mehreren eigenen Orgeltiteln hatte er Belegstücke gesandt und war mit Renner Anfang März 1901 persönlich bekannt geworden. Doch Renner setzte sich für die Werke seines Landsmannes weder als Spieler noch als Orgellehrer der Kirchenmusikschule ein, „die vom Komponisten geschenkten Noten weisen keinerlei Eintragungen auf." (43) Dem Regensburger Domorganisten mag man zugute halten, daß in der Kathedrale eine unzulängliche einmanualige Orgel stand (44) und daß er wegen seines Kompositionsstils von den „Cäcilianern" selbst angegriffen wurde. Dennoch bleibt seine völlige Apathie gegenüber Regers Kunst schwer verständlich.

Kurz nach der Übersiedlung nach München, am 11. 9. 1901, berichtete Reger auf einer Postkarte A. Lindner: „Denke Dir, Guilmant schrieb mir großen Schreibebrief, in dem er mir mitteilte, daß er meine Orgelsachen im Conservatorium zu Paris eingeführt hätte!" (45) Das dürfte bedeuten, daß Guilmant in die Bibliothek der berühmten Bildungsstätte einige Orgeltitel Regers aufnehmen ließ. Ob sie studiert und gespielt wurden, läßt sich schwer nachweisen. Doch sei in diesem Zusammenhang angemerkt, daß Reger, von der Leitung der Pariser Weltausstellung 1900 zu einem Beitrag aufgefordert, den Anfang der fis-moll-Orgelsonate auf einen zugesandten Prachtbogen notiert, doch abzuschicken vergessen hatte. Über Lindner gelangte das Schmuckblatt an die Stadt Weiden, die es 1973 ihrer französischen Patenstadt Issy-les-Moulineaux schenkte.

Bei der Tonkünstlerversammlung des Allgemeinen Deutschen Musikvereins im Mai 1902 in Krefeld sollte Karl Straube ein Reger-Konzert spielen. Am 3. 5. 1902 meldete Reger Otto Leßmann: „Soeben erhalte ich von Herrn Straube folgende Hiobspost: es ist unmöglich, den Orgelvortrag in Crefeld zu machen; die Orgel in der Stadthalle klänge gar nicht — und die katholischen Kirchenvorstände geben die Genehmigung nicht, daß das Orgelkonzert in einer der Kirchen ist! Sie können sich wohl denken, wie fatal und unangenehm mir diese Nachricht ist!" (46)

Daß der inzwischen berühmt gewordene Meister als Meininger Generalmusikdirektor bei drei Trauerfeiern in der dortigen katholischen

Pfarrkirche die Orgel spielte, sei nicht übergangen. Es waren die Gedächtnisfeier für Prinzregent Luitpold von Bayern am 31. 1. 1913, (47) die Gedächtnisfeier für Herzog Georg II. von Meiningen am 5. 7. 1914 (48) und das Requiem für Papst Pius X. im August 1914. Hatte Reger 1901 J. Renners Messe in d-moll kennengelernt und mit dem Komponisten durchgesprochen (49), so wurde ihm bei der Trauerfeier 1913 Ignaz Mitterers Requiem c-moll, op. 50 (50) bekannt. „Das ist echte Musik", soll er über das einfache Werk geäußert haben. (51)

Nach dem Requiem für Papst Pius X. ließ Reger sich vom Meininger Pfarrer K. J. Meisenzahl den lateinischen Requiemtext Wort für Wort erläutern. „Aber Reger wollte noch mehr. Er wollte das lateinische Wort nach der Tonfarbe verstehen, um den Text als Tongemälde erfühlen und wiedergeben zu können, z. B. das „dis" in discussurus (Dies irae). Ich sagte gern zu, und stürmisch, wie es seine Art war, konnte er den Abschluß nicht erwarten, ich bekam eine Woche lang Tag für Tag Brief oder Karte. Dabei meldete er, daß er Hand ans Werk gelegt habe". (51)

Kehren wir zum 30jährigen Reger zurück! Während die evangelische Kirchenverwaltung Weiden ihn beauftragte, im März 1903 die von Orgelbaumeister Johannes Strebel, Nürnberg (1832—1909), erneuerte und auf 24 Register vergrößerte Orgel der Michaelskirche zu prüfen und öffentlich vorzuführen (7. März 1903), kam eine ähnliche Einladung von katholischer Seite nicht. In der 1899 bis 1901 erbauten Josephskirche hatte die Firma Max Maerz & Sohn, München, im gleichen Jahr eine neue Orgel installiert. Mit dem vom Architekten der Kirche, Johannes von Schott, München, entworfenen Prospekt besaß das Werk auf 2 Manualen und Pedal folgende 31 Register: (52)

I.Manual C–f^3	II. Manual C–f^3	Pedal C–d^1
Bourdon 16'	Stillgedeckt 16'	Prinzipal 16'
Prinzipal 8'	Geigenprinzipal 8'	Violon 16'
Gamba 8'	Hohlflöte 8'	Subbaß 16'
Salizional 8'	Aeoline 8'	Quinte 10 2/3'
Tibia 8'	Vox coelestis 8'	
Gedeckt 8'	Dolce 8'	
Quinte 5 1/3'	Liebl. Gedeckt 8'	

Oktave 4'	Fugara 4'	Oktavbaß 8'
Gemshorn 4'	Traversflöte 4'	Cello 8'
Flöte 4'	(ab c¹ überblasend)	Posaune 16'
Oktave 2'	Mixtur 2 2/3' 3fach	(aufschlagend)
Mixtur 2 2/3' 4fach	Fagott & Clarinette 8'	
Trompete 8'	(einschlagend)	
(aufschlagend)		

Gehäuse aus Fichtenholz, im Eichenton gestrichen und vergoldet
Pneumatische Kegelladen, freistehender Spieltisch
Koppeln: II/I, O I, I/Ped., II/Ped.
Rohrwerkabsteller
Pneumatische Druckknöpfe: p, mf, f, ff, Auslöser
Registerschweller mit Fußtritt

Auf persönliches Ersuchen Lindners probierte Reger dieses zeitgemäß ausgestattete Instrument (es fehlte allerdings ein Schwellwerk, das 1934 durch die Firma Steinmeyer, Oettingen, hinzukam) am gleichen Tag wie die Orgel der Michaelskirche. Elsa Reger zeichnete darüber auf: (53) „Am Nachmittag lud Lindner Reger ein, auf dessen neuer großer Orgel in der katholischen Stadtpfarrkirche zu spielen. Natürlich erfüllte mein Mann diese Bitte gern. Er präludierte zuerst längere Zeit, darauf legte Lindner ihm op. 59 (12 Stücke für Orgel) auf das Pult und schließlich die gewaltige Phantasie „Bach", welche er überwältigend schön spielte." (54)

In Erbendorf „probierte" Reger op. 40, 1, im gleichen Herbst 1899 spielte er „Freu dich sehr, o meine Seele" „vom Blatt, ohne zu stocken", (55) im März 1903 trug er in Weiden die B–A–C–H-Phantasie vor: das erweist, daß er eine nicht unbedeutende Spielfertigkeit auf der Orgel besessen haben muß. Für op. 40, 1 und 46 erscheint beachtenswert, daß er die 3manualig bezeichneten Kompositionen auf 2manualigen Instrumenten wiedergab (für op. 30 sind Ort und Kirche nicht genannt). So entsteht der Eindruck, daß er mit den Versicherungen, „ich habe seit 1890 keine Orgel mehr geübt" (55) und „ich muß Sie darauf aufmerksam machen, daß ich *nicht* Orgelvirtuose bin — ich habe seit mehr als 10 Jahren keine Gelegenheit mehr gehabt, Orgel zu üben!" (56) leicht untertrieb, um entsprechende Bewunderung zu ernten.

Über die Textwahl für geistliche Kompositionen urteilt Günther

Stange: „Bei all diesen Kompositionen stellen wir immer wieder fest, wie sorgfältig Reger seine Texte für die Kirchenmusik auswählte, um für die Kirche in Text und Musik würdige Werke zu schaffen." (57) Als Belege führt er an: Motetten op. 110, Geistliche Gesänge op. 138, geistliche Sololieder mit und ohne Werkzahl. Ex contrario läßt sich darauf hinweisen, daß die Oratorienpläne, das mit Friedrich Spitta geplante „Osterspiel" (58) ein mit Martin Boelitz diskutiertes „Christus-Oratorium" und das mit Karl Straube ausführlich besprochene „Vom Tode und ewigen Leben", (59) an der Textfrage gescheitert sein dürften. In ihrer Untersuchung „Max Reger als Liederkomponist" (60) stellte Grete Wehmeyer heraus, daß „tonmalerische Pointen" und „inhaltliche Anlässe des Textes" Reger zur Vertonung reizen konnten. Bei Texten aus der Bibel läßt sich beobachten, wie er die Worte zusammensuchte, manchmal nicht nur Einzelverse, sondern lediglich Halbverse für sein Vorhaben brauchbar fand. Einen Anknüpfungspunkt gibt eine Briefstelle des 18jährigen Reger an Lindner: „Jetzt bin ich dabei, ... den 5. [6!] Psalm für Orgel mit 2 Manualen, Pedal, Violine, Alt (bzw. Mezzosopran) zu komponieren. Natürlich alles, was in diesem Psalm vorkommt, kann man nicht komponieren. So z. B. heißt es, „ich schwemme jede Nacht mein Bett". Ja, das geht wirklich nicht, das thue ich ja nicht — da mache ich einfach kurzen Prozeß und werfe diese Sachen heraus!" (61) Entscheidend an dieser Äußerung scheint die selbstherrliche Einstellung gegenüber dem Bibelwort. J. S. Bach hob in den Passionen den biblischen Bericht durch rote Tinte hervor. J. Brahms antwortete auf eine Frage Karl Rheintalers nach der Textwahl für das „Deutsche Requiem": „Was den Text betrifft, will ich bekennen, daß ich recht gern ... mit allem Wissen und Willen Stellen z. B. Evang. Joh. Kap. 3, Vers 16 entbehrte. Hinwieder habe ich nun wohl manches genommen, weil ich Musiker bin, weil ich es gebrauchte, weil ich meinen ehrwürdigen Dichtern auch ein ‚von nun an' nicht abdisputieren oder streichen kann". (62) Reger, der stets Luthers Bibelübersetzung benützte, gestattete sich eine freiere Haltung, die er vielleicht aus Beobachtungen an katholischer Kirchenmusik gerechtfertigt fand: In mehreren Requiem-Kompositionen fehlt der Satz „Graduale" (J. J. Fux, W. A. Mozart, A. Bruckner), in Franz Schuberts Messen ist der Glaubenssatz „Et unam sanctam catholicam et apostolicam ecclesiam" regelmäßig übergangen, in A. Bruckners Graduale „Locus iste" ist der Vers „Deus, cui adstat Angelorum chorus" weggelassen, in seiner „Alleluja"-Komposition „Virga Jesse floruit" erscheint das Wort „alleluja" nicht am Anfang *und* am Ende, sondern nur am Schluß. (63) Reger bezog somit eine Art Zwischenstellung zwischen den Konfessionen, von jeder übernahm er, was seinen Ausdrucksabsichten sich fügte. Das belegen die Texte zu zwei geistlichen Liedern und zu zwei Motetten. Im Lied „Wohl denen, die ohne Tadel leben" (1903) wählte er aus Psalm 119 die Verse 1—5 und 8, im Lied „Meine Seele ist still zu Gott" (op. 105, 2) nahm er aus Psalm 62 die Verse 2, 3 und 9 und strich im letzteren die Anrede „liebe Leute". Die Motettentexte von op. 110,1 und 2 stellte er aus mehreren Kapiteln bzw. Psalmen zusammen. „Mein Odem ist schwach" kompiliert Hiob 17, 1—3; 26,2 und 3; 19,25; „Ach Herr, strafe micht nicht" basiert auf Psalm 6,2 und 3a; 4,2 und 9; 6,7a; (64) 7,11; 8,2; 16,11.

Dabei ist zu betonen, daß die übergangenen Halbverse keine neuen Gedanken enthalten, sondern nach der Regel des „Parallelismus membrorum" die Aussage der ersten Vershälfte variieren. Worte oder Bilder dieser Varianten konnte Reger offensichtlich nicht bejahen. Stets suchte er „tonmalerische Pointen" oder „inhaltliche Anlässe", wog dabei jeden Ausdruck, ja jedes Wort sorgfältig. Wie in den Choralfantasien op. 30; 40,1 und 2 beschränkte er sich auf jene Verse, die ihn persönlich ansprachen. Hier dürfte im Spiel sein, was Reger in einem Brief an Georg Stolz seine „Neigung zur Mystik" nannte. (65) So wird man diese Werke Regers nach Oskar Söhngens Begriff als „liturgisch gebundene Predigtmusik" bezeichnen dürfen: „Für eine Predigtmusik wird die Vollmacht persönlichen Zeugnisses schwerer ins Gewicht fallen als für die liturgische Musik, da sie weitgehend auf die formalen Bindekräfte der liturgischen Musik verzichten und sich hauptsächlich auf die Kraft der musikalischen Aussage stützen muß, die nur, wenn sie zur Allgemeinverbindlichkeit vordringt, die Menschen ins Herz zu treffen vermag." (66)

Wenn Reger in diesen mehr für das geistliche Konzert oder den „Wortgottesdienst" (um einen Terminus unserer Tage anzuwenden) bestimmten Kompositionen die Ich-Aussage sucht, verfuhr er in

Choralsätzen, Choralkantaten, Choralvorspielen für den Gemeindegottesdienst anders. Hier reduzierte er seine Ausdrucksmittel, schrieb wesentlich schlichter und knapper, berücksichtigte alle Strophen. In die Choralkantaten bezog er die singende Gemeinde ein, überwand dadurch (was die katholische Kirchenmusik seit dem 2. Vatikanischen Konzil praktiziert) das Gegenüber von Ausführenden und Hörenden im Gottesdienst. Doch darf von der Warte des Künstlers Max Reger nicht unbeachtet bleiben, daß er diese Beiträge mehr oder weniger als Bearbeitungen, nicht als Kompositionen wertete: Choralsätze und Choralkantaten ließ er ohne Werkzahl erscheinen.

Bezüglich des lateinischen Requiems berichtete Fritz Stein Karl Straubes Vermutung, der lateinische Text könnte den des Latein Unkundigen bewogen haben, die Kompositionen unbeendet zu lassen. (67) Das scheint nicht voll stichhaltig, da er das auf deutschen Text verfaßte 12stimmige „Vater unser" (1909) liegen ließ und in Jugendwerken (5stimmiges Kyrie, 5stimmiges Tantum ergo, 4stimmiges Gloriabuntur) in op. 61 (u. a. 16 Tantum ergo) und in Responsorien für die vereinigte lutherische Kirche Nordamerikas (68) Texte in Sprachen vertonte, die er nicht beherrschte. (69) In diesen Fällen lag eine persönliche Bitte (Lindner), ein Auftrag (Verlagsinhaber Linnemann) oder eine Bestellung (lutherische Kirche Nordamerikas) zugrunde, die ihn Sprachschwierigkeiten meistern ließen. Fehlender Auftrag und stark reduzierte Möglichkeiten, in jenen Kriegsjahren ein abendfüllendes Chorwerk aufzuführen, dürften wesentlichere Gründe darstellen.

Schon P. Fidelis Böser O.S.B. bedauerte, daß die katholische Kirchenmusik Regers Mitarbeit nicht zu gewinnen verstand. (70) Zwei naheliegende Anlässe blieben ungenützt: a) Während der Jahre 1899 bis 1901, als Reger in Weiden lebte und erste Erfolge als Komponist errang, wurde die Josephskirche in der gleichen Straße errichtet, in der er wohnte. Für deren Weihe am Michaelstag 1901 hätte die katholische Gemeinde ihm ein Te Deum oder eine Messe oder eine Kantate in Auftrag geben können. b) Der Meininger Pfarrer Meisenzahl, der von Regers Arbeit an einer Requiem-Vertonung (wie dargestellt) unterrichtet war, besaß persönlichen Kontakt zum Würzburger Domkapellmeister Johannes Strubel. Da Meiningen zur Diözese Würzburg gehörte und eine kleine Diasporapfarrei war, lieh er für die genannten Trauerfeiern geeignete Musikalien vom dortigen Leiter der Dommusik. Hätte Meisenzahl die Bekanntschaft mit Strubel zu Regers Gunsten genützt und die Uraufführung des „Requiem" im Würzburger Kiliansdom mit Nachdruck empfohlen, würde Reger die Arbeit schwerlich unbeendet gelassen haben. Die bei Kriegsausbruch aufgelöste Meininger Hofkapelle, der am Geschick der entlassenen Musiker uninteressierte Herzog Bernhard (1851—1928), die durch Männerstimmenmangel gelähmten Chorvereine mögen ihn deprimiert haben. So wandte er sich kürzeren Chorwerken mit geringeren Ansprüchen zu wie dem „Requiem" auf Fr. Hebbels und dem „Einsiedler" auf J. von Eichendorffs Text.

Über den Rang des „geheimnisvollen Torso" in Regers Schaffen urteilt ein zeitgenössischer Komponist, Harald Genzmer: „Reger muß zweifellos gespürt haben, daß ihm mit dem auf den lateinischen Requiem-Text begonnenen op. 145a etwas Einzigartiges gelungen war. Das Versprechen, das er mit den Orgelwerken seiner Weidener Zeit gab — hier scheint es in großartiger Weise erfüllt." (71)

Ein Komponist wird bekannt, wenn seine Werke nicht nur gedruckt, sondern auch propagiert und aufgeführt werden. Reger war bereits in den Wiesbadener Jahren klar geworden, daß dies durch Rezensionen und Aufsätze in Fachzeitschriften und Kontakte mit Interpreten erreichbar ist. Sie vermitteln Zugang zu einem weiten Kreis potentieller Käufer, Spieler und Hörer. So bemühte er sich um solche Verbindungen, versandte Besprechungs- und Studienexemplare und ersuchte Freunde um Rezensionen. Die Reaktion katholischer Fachorgane auf Regers Kompositionen sei deshalb kurz beleuchtet.

Die Regensburger „Musica sacra", 1888 bis 1910 von F. X. Haberl, einem Landsmann Regers, redigiert, unterstützte den hart um Anerkennung ringenden Komponisten in einem einzigen Fall, bei „Leicht ausführbare Kompositionen zum gottesdienstlichen Gebrauche", op. 61. Sonst verärgerte und schädigte sie Reger durch kleinliche und böswillige Kritik. Für die 4stimmige Vertonung „Maria Himmelsfreud' ", die er als Beitrag für eine Marienlieder-Sammlung des Regensburger Domkapellmeisters F. X. Engelhart geliefert hatte, (72) wurde er in schulmeisterlichem Ton gerügt. (73) Reger hatte eine schlichte, zweiteilige Melodie geformt und nach dem Muster von

J. S. Bachs Kantionalsätzen viermal verschieden harmonisiert. (74) Über die Kritik äußerte Reger in einem Brief an den genannten J. Renner, dessen Beitrag ebenfalls abgelehnt wurde, am 26. 11. 1900 u. a.: „Da ja Sie und ich als die Komponisten von Nr. 13 und 14 so schön da mitgenommen werden von einem Herrn, den ich nicht kenne, von dem ich aber nur annehmen kann, daß er sehr beschränkte Begriffe hat, so wollte ich zuerst an Dr. Haberl schreiben und ihm ein ‚Licht' über diesen Kritiker aufstecken. Allein ich dachte mir, bei den jetzigen chinesischen Wirren ist es ja leicht möglich, daß sich ein Kuli nach Deutschland verirrt und in den Zeitungen sein Unwesen treibt." (75)

Sachlicher wurde op. 61 rezensiert. Auf Ersuchen des Verlegers R. Linnemann, Leipzig, hatte Reger die 38 Sätze beinhaltende Sammlung (16 Tantum ergo, 16 Marienlieder, 6 Trauergesänge) 1901 geschrieben. Nach brieflicher Mitteilung an Lindner (76) übersandte Reger selbst F. X. Haberl (seit 1899 Generalpräses des Allgemeinen Cäcilienvereins) und W. Widmann (Eichstätter Domkapellmeister) Besprechungsexemplare. Widmann führte die Sätze auf und warb dafür in der Bregenzer Zeitschrift „Der Kirchenchor". (77) Haberl referierte über die Sammlung ausführlich in „Musica sacra". (78) Darin finden sich treffende Charakterisierungen wie „er weiß in vielen Fällen die Täuschung zu erwecken, als ob frei rhythmisch gesungen würde" . . . „In der Sopran-Linie sind ausschließlich diatonische Intervalle verwendet und rhythmisch interessante Linien gezogen, auch die Mittelstimmen, besonders aber der Baß, sind nicht Knechte und Diener der Oberstimme, sondern schreiten mit der Melodie, öfters figurierend selbständig vorwärts" . . . „Weit entfernt, diesen neuen Stil als unkirchlich oder ästhetisch unschön bezeichnen zu wollen, muß doch bemerkt werden, daß er neuartig modern ist".

Daß Haberl auf (nach seiner Ansicht) „verdeckte Oktaven" hinwies, brachte Reger unnötig in Harnisch. An Lindner bemerkte er am 25. 9. 1902: „Die [Kritik] von Haberl ist ja doch sehr gut; daß er einen engherzigen Standpunkt hat, ist ja klar; ich werde ihm heute wegen der „verdeckten Oktaven", die er als a–d; c–d „meldet", schreiben und ihm proponieren, daß ich ihm aus Palestrina, Orlando etc. etc. unzählige solcher Fälle nennen will!" (79) Haberls positive Beurteilung bewirkte, daß Regers op. 61 als einziger Titel des Komponisten unter Nr. 2908 in den Cäcilienvereins-Katalog aufgenommen wurde. (80)

Im Oktoberheft des gleichen Jahrgangs 1902 druckte „Musica sacra" eine Rezension der „Monologe" für Orgel, op. 63. Darin ist u. a. behauptet: „Was gilt den Neutönern von heute als die schärfste Dissonanz? Nach meiner Ansicht gar nichts mehr; nicht einmal ein Hinstürzen in der Finsternis auf sämtliche Orgeltasten". (81)

Als der Straßburger Domorganist F. X. Matthias beim Internationalen Kongreß für gregorianischen Gesang in Straßburg im August 1905 neben anderen zeitgenössischen Orgelstücken Regers „Gloria in excelsis" spielte, bezeichnete der Referent der „Kölnischen Volkszeitung", dessen Bericht in „Musica sacra" (82) nachgedruckt wurde, sämtliche Stücke (also auch Regers Komposition) als „unkirchlich". Im gleichen Jahrgang der Regensburger Zeitschrift wurde Regers Orgelschaffen, besonders die B—A—C—H-Fantasie erneut abgeurteilt. Die Besprechung gipfelt in den Sätzen: „Ich könnte über Mängel bei Reger ein Buch schreiben, fasse mich aber dahin: Was Reger bis jetzt veröffentlichte, zeugt von wenig Erfindung an wirklich schönen Themen." (83)

Reger blieb lebenslang gegen abfällige Kritiken, sogar gegenüber scherzhaft vorgebrachten von erprobten Freunden, empfindlich. Häufige „Rechtfertigungsbriefe" an Herzog Georg II. nach kleinen Zusammenstößen mit dem Hofmarschall und nach Konzertkritiken, die den geringsten Tadel enthielten, beweisen es. (84) Auch eine 1971 veröffentlichte Erinnerung des Reger-Schülers Fritz Lubrich erhärtet das. (85) Lubrichs Vater hatte als Redakteur der Fachzeitschrift „ Die Orgel" (86) Regersche Orgelwerke positiv beurteilt, doch hinzugefügt, sie seien leider unspielbar. Postwendend forderte ihn Reger auf offener Karte auf, zu Straube nach Wesel zu fahren, der ihm diese „unspielbaren Werke" explizieren würde.

Härter traf Reger das Urteil eines anderen Amtsträgers der evangelischen Kirchenmusik im folgenden Jahr, 1900. Für das Kirchenkonzert bei einem Nürnberger Musikfest hatte der Komponist seine opera 27, 29, 30, 33 eingereicht. Das vorbereitende Komitee ersuchte den Erlanger Universitätsmusikdirektor und Leiter des Instituts für Kirchenmusik Elias Öchsler (1850—1917) ein Werk zu spielen. Öchsler erklärte, die Regerschen Orgelwerke seien nicht wert, daß man sie studiere. (87)

Doch blieben diese Urteile Randerscheinungen gegenüber dem vielfältigen Einsatz, den G. Beckmann, W. Fischer, G. Stolz, K. Straube und andere evangelische Organisten für Regers Orgel- und geistliches Vokalschaffen leisteten. Sie waren dankbar, daß ihnen lohnende neue Aufgaben gestellt wurden, daß ein stark beachteter, vielseitiger Komponist sich auch der Orgel- und Kirchenmusik annahm. Sie vermittelten auch Regers Verbindung zu evangelischen Kirchenmusikzeitschriften und griffen immer wieder selbst zur Feder. (88)

Zum Schluß seien alle Kompositionen aufgezählt, die auf Regers katholisches Bekenntnis hinweisen. Dabei handelt es sich um gottesdienstliche Chormusik, kantatenhafte Werke, Sololieder und Orgelstücke. Von manchen wissen wir, daß sie auf Wunsch seines Lehrers A. Lindner, auf Bestellung von Herausgebern oder Verlegern, auf Bitten von Konzertveranstaltern entstanden. Andere, besonders jene aus den Münchner, Leipziger, Meininger Jahren scheinen aus eigenem Antrieb geschrieben zu sein.

I. Gottesdienstliche Chormusik

Verschollenes 5stimmiges „Kyrie" (89)
Phrygisches 5stimmiges „Tantum ergo" (1895)
4stimmiges Offertorium „Gloriabuntur" (90)
4stimmiges Chorlied „Maria Himmelsfreud" (1899)
4stimmiges Osterlied „Laßt uns erfreuen herzlich sehr" (91)
Leicht ausführbare Kompositionen zum gottesdienstlichen Gebrauche, op. 61
4–6stimmiges „Und unsrer lieben Frauen", op. 138, 4 (1914)

II. Kantatenhafte Chorwerke

Der 100. Psalm op. 106
Die Nonnen op. 112 (92)
Unvollendetes lateinisches Requiem (1914) (93)

III. Geistliche Sololieder

„Schönster Herr Jesu" (1905) (94)
„Ich sehe dich in tausend Bildern", op. 105, 1 (1907)
„Mariä Wiegenlied", op. 76, 52 (1912) (95)

IV. Orgelstücke

Fantasie über das gregorianische „Te Deum, op. 7, 2 (1892)
Kyrie, Gloria, Benedictus, Te Deum (96) in op. 59 (1901)
Ave Maria in op. 63 (1902) und op. 80 (1904)
Choralvorspiel „Großer Gott, wir loben dich" (97) in op. 135a (1914)

Gewiß ist dieses Ergebnis mager bei der Fülle Regerscher Beiträge zur evangelischen Kirchenmusik. Dennoch belegt es, daß der Komponist die innere Beziehung zu seiner Mutterkirche durch das ganze Leben behielt. Messe und Kommunion-Mystik (98), Marienverehrung und die lapidaren Texte von Requiem und Te Deum zogen ihn immer wieder an. Doch neigte er im Religiösen einer ähnlich individualistischen Haltung zu wie seine Mutter. Von ihr berichtet R. Huesgen, daß sie an Sonntagen häufig am Nachmittag allein in der Kirche betete, anstatt den vormittägigen Gemeindegottesdienst zu besuchen. (99) So bevorzugte Reger, von seiner katholischen Erziehung inspirierte Werke für das geistliche Konzert statt für den Gottesdienst zu schreiben.

Alle brieflichen Bekenntnisse religiöser Art lassen nicht auf ein Christentum im essentiellen Sinn, sondern im liberalen Sinn seiner Zeit schließen. Urteile des Reger-Schülers Joseph Haas und des Jesuitenpaters Joseph Kreitmaier dürften Regers Stellung zur katholischen Kirche zutreffend charakterisieren. Haas schrieb: „Ich kann versichern, daß Reger im Grunde seines Herzens ein tief religiöser Mensch war und jedenfalls die innere Einstellung zu seiner Kindheitskonfession niemals aufgegeben hat." (100) Kreitmaier faßte zusammen: „Seine Wurzeln steckten in der alten Kirche, seine Äste und Zweige verlieren sich im modernen Leben." (101)

So stellt sich die Frage: Kann man Regers Haltung als „Überkonfessionalität" bezeichnen? Da er im Lauf der Jahre Gottesdienstbesuch und Sakramentenempfang aufgab, den Übertritt zur evangelischen Kirche strikt ablehnte, erscheint diese Frage berechtigt. Der evangelische Pfarrer Günther Stange äußert dazu: (102) „Die eigenartige Stellung Regers zwischen den beiden großen Konfessionen führt uns unmittelbar auf das Problem der Überkonfessionalität. Wir haben erkennen müssen, daß er, wenn ihm selbst vielleicht auch nicht immer bis ins Letzte bewußt, sowohl von seiner katholischen Mutterkirche als auch von seiner protestantischen Umgebung beeinflußt und eigentlich bei keiner der beiden Konfessionen richtig zu Hause war. Das Dogma von der ‚allein seligmachenden Kirche' im römischkatholischen Sinn entsprach der künstlerischen Art Regers in keiner Weise, denn für ihn war das ganz persönliche Verhältnis zu seinem Gott das höchste Ziel seiner Frömmigkeit ... Es ist die intuitive Art des Reger'schen Musikertums, die sein Werk auf einer anderen, über den Konfessionen stehenden Ebene erscheinen läßt. Die Gesamterscheinung Regers als eines Meisters der Kirchenmusik läßt erkennen, daß er letztlich an keiner konfessionellen Zugehörigkeit interessiert war, sondern daß er vielmehr sowohl von der katholischen als auch von der evangelischen Konfession das aufnahm, was seinen eigenen religiösen Empfindungen zutiefst entsprach."

Literatur

1 Auch der Vetter Adolf Reger, der als Zeuge bei der Trauung am 25.10.1902 teilnahm, war Lehrer (Elsa Reger, Mein Leben mit und für Max Reger, Leipzig 1930,37).

1a Zur Verwendung roter Tinte äußerte sich Reger in einigen Briefen an Herzog Georg II. von Sachsen-Meiningen (Max Reger. Briefwechsel mit Herzog Georg II. von Sachsen-Meiningen, Weimar 1949, 287;292; 448).

2 Brief Regers aus Königswiesen vom 8.8.1887 (Max Reger, Briefe eines deutschen Meisters, Leipzig 1928, 15).

3 F. Stein, Max Reger, Potsdam 1939, 5

4 Fritz Freiher von Rummel, Das Ministerium Lutz und seine Gegner, München 1935, 135

5 Vgl. Brief Regers vom 23.11.1889 an Hugo Riemann, der S. 75 zitiert ist.

6 Vgl. ,,Cäcilianismus" in MGG 2, Kassel 1952, 621 ff

7 Eine Chronik der ersten 25 Jahre der Regensburger Kirchenmusikschule bot F. X. Haberl im Kirchenmusikalischen Jahrbuch 14. Jg. (Regensburg 1899), 91–109, und 15. Jg. (Regensburg 1900), 104–114; Studienprogramm und Kursdauer sind veröffentlicht in ,,Musica sacra", 38. Jg. (Regensburg 1905), 97 ff.

8 ,,Briefe eines deutschen Meisters" a.a.O. 15, wo sich Bemerkungen über die äußere Erscheinung Michael Hallers finden. Durch gediegene Kompositionen, eine kenntnisreiche ,,Kompositionslehre für polyphonen Kirchengesang" (Regensburg 1891) und langjährige Unterrichtstätigkeit an der Regensburger Kirchenmusikschule gehörte Haller zu den wesentlichen Männern des ,,Cäcilianismus".

9 Dem Bischöflichen Zentralarchiv Regensburg, in dem die Bestände des Pfarrarchivs St. Josef Weiden bis zum Ausgang des 19. Jahrhunderts deponiert sind, ist für bereitwillige Erlaubnis zum Studium und zur Veröffentlichung zu danken.
10 Helene Hoffmann, Die Michaelskirche (Weidner Heimatkundliche Arbeiten Nr. 5), Weiden 1961. Die Orgelgeschichte ist darin in großen Zügen berücksichtigt.
11 Vertrag über Auflösung des Simultaneums vom 31.7.1899, beglaubigte Abschrift im Ev. Pfarrarchiv Weiden. Für die Möglichkeit, das Dokument zu studieren, ist dem Ev. Pfarramt Weiden zu danken. — Der Einzug in die neue Josefskirche fand am 11.11.1900 statt (Kirchenführer Nr. 56, Stadtpfarrkirche St. Josef, Weiden/Opf., München o. J. 2). Die Kirche ist in neuromanischem Stil gehalten, die Innenausstattung zeigt Einflüsse des Jugendstils.
12 In vielen oberpfälzischen Städten wurden „im 17. und 18. und herauf bis ins 19. Jahrhundert die Stadttürmer zur Ausführung der instrumentalen Kirchenmusik herangezogen" (Joh. Maier, „Kirchenmusik und Kirchenlied im Bistum Regensburg" in „1200 Jahre Bistum Regensburg", Regensburg 1939, 203). Für die Musikgeschichte von Regensburg und der Oberpfalz gelten als grundlegend zwei Arbeiten von Dominikus Mettenleiter: „Musikgeschichte der Stadt Regensburg" (Regensburg 1866) und „Musikgeschichte der Oberpfalz" (Amberg 1867). Neuere Forschungsergebnisse bietet: August Scharnagl, „Beiträge zu einer Musikgeschichte der Oberpfalz" (Festschrift zum 19. Bayrischen Nordgautag, Weiden 1972, 19 ff). Die k..chenmusikalische Entwicklung in der 2. Hälfte des 19. Jh. ist behandelt S. 30 ff.
13 H. Hoffmann, a.a.O. 20
14 Ohne Paginierung (6/7)
15 Aufbewahrt beim Depot St. Josef, Weiden, im Bischöflichen Zentralarchiv Regensburg, in Fasz. I, 15, C; in Fasz. I, 15, H sind Materialien über Sängerknaben in Weiden erhalten, darunter eine „Ordnung" aus dem Ende des 17. Jh.
16 Des Rector ecclesiae, des Pfarrers
17 Ohne Paginierung (7)
18 Die Andeutung, daß nicht immer die vorgeschriebenen Texte erklangen, dürfte sich hauptsächlich auf Graduale und Offertorium der Messe beziehen. An ihrer Stelle wurden auch anderswo nicht selten verfügbare Kompositionen ähnlicher Texte „eingelegt" (vgl. Otto Ursprung, Die katholische Kirchenmusik, Potsdam 1931, 278).
19 Die Diözese Regensburg erhielt erst 1908 ein Diözesangesangbuch (Joh. Maier a.a.O. 206). Auf Wunsch des damaligen Bischofs Ignatius von Senestrey (1858—1906) waren außer Schulmessen in der Regensburger Diözese Singmessen mit deutschen Liedgesang nicht üblich.
20 A. Lindner, Max Reger, Ein Bild seines Jugendlebens und künstlerischen Werdens, Stuttgart 1922, 39

21 Kunstdenkmäler Kreis Neustadt/Waldnaab, München 1907, 129. Über Orgelakten von St. Michael im Stadtarchiv Weiden berichtet A. Krauss, Die Orgel in St. Michael in Weiden (Festbericht zum 19. Bayrischen Nordgautag a.a.O., 51 ff.)
22 Die Dispositionen entstammen dem Akten-Depot St. Josef, Weiden, im Bischöflichen Zentralarchiv Regensburg.
23 Disposition in H.J. Busch, Max Reger und die Orgel seiner Zeit, Musik und Kirche (43. Jg. (Kassel 1973), 65
24 J. Höser, Geschichte der Stadt Erbendorf, neu bearbeitet von W. Gollwitzer, Erbendorf 1967, 111
25 Geschichte der Stadt Erbendorf a.a.O. 284
26 Originale Postkarte Regers an A. Lindner im Stadtarchiv Weiden. An C. Hochstetter schrieb Reger am 13.10.1899 u. a.: „Unterdessen war [ich] wieder 10 Tage verreist in Erbendorf, einem kleinen Städtchen, das eine annehmbare Orgel hat, und habe fest Orgel gespielt'"(Ottmar Schreiber, Max Reger, Briefe zwischen der Arbeit, Bonn 1956, 37 f).
27 Josef Hanisch (1812–1892), Domorganist von 1829–92
28 Reger dürfte damit modale Klangverbindungen meinen, deren er sich später (etwa in op. 111 b, op. 112, op. 128, 1. Satz) selbst gelegentlich bediente.
29 Briefe eines deutschen Meisters a.a.O. 15
30 D. Mettenleiter, Musikgeschichte der Stadt Regensburg a.a.O. 127; Fliegende Blätter für kath. Kirchenmusik, 41. Jg. (Regensburg 1906), 18 f und Mitteilungen von Domorganist E. Kraus, Regensburg. Die Disposition konnte bisher nicht gefunden werden. Der Name des Orgelbauers, der aus Hamburg gebürtig war, erscheint irrtümlich bei Mettenleiter als „Heinssen", in „Fliegende Blätter" als „Heinfen".
31 Disposition im Referat von Orgelbaumeister W. Walcker, S. 40 dieser Publikation; Vgl. auch R. Walter, Max Reger und die Orgel um 1900, Musik und Kirche, 43. Jg. (Kassel 1973), 284
32 Max Reger, Briefe zwischen der Arbeit, a.a.O. 51
33 W. Gurlitt, Aus den Briefen Max Regers an Hugo Riemann, Jahrbuch der Musikbibliothek Peters für 1936, 79
34 P. Fidelis Böser O.S.B., Max Reger und die kath. Kirchenmusik, Benediktinische Monatsschrift IV (1922), 166
35 R. Huesgen, Der junge Max Reger und seine Orgelwerke, Schramberg/Schwarzwald 1935, 9
36 Mitgeteilt in G. Beckmann, Max Reger über Orgelkomposition und -spiel, Neue Musik-Zeitung, 46. Jg. (Stuttgart 1925), 329
37 H. Niemann, Max Reger in München, Veröffentlichungen des Max-Reger-Instituts Bonn, Heft 4, Bonn 1966, 120
38 F. Stein a.a.O. 12
39 Veröffentlicht in: H.W. Kaufmann, Josef Rheinberger, Gedenkschrift zu seinem 100. Geburtstag (in „Jahrbuch des hist. Vereins für das Fürstentum Liechtenstein" 40), Vaduz 1940, 103 ff

40 Zitiert nach M. Weyer, Die Orgelwerke von Josef Rheinberger, Vaduz 1966, 58
41 1868–1934, Domorganist 1893–1934
42 6. Jg. (Göttingen 1901), 104
43 Eberhard Kraus, Max Regers Briefe an Joseph Renner, Mitt. des Max-Reger-Instituts Bonn, Heft 17, Bonn 1968, 22
44 Vgl. S. 75 dieser Studie
45 Original im Stadtarchiv Weiden. In Klammern fügte Reger bei: „Auch noch in einer a n d e r e n Schule für Kirchenmusik hat er's eingeführt". Das dürfte die „Schola Cantorum" gewesen sein, die Guilmant 1894 mitbegründet hatte (MGG 5, Kassel 1956, 1099).
46 Briefe eines deutschen Meisters a.a.O. 95
47 Georg II. genehmigte die Mitwirkung der Hofkapelle. (Briefwechsel mit Herzog Georg II. a.a.O. 388. Der dortige Kommentator kennt die Zusammenhänge nicht.)
48 Die Mitwirkung Regers bei drei Trauerfeiern in der Kath. Pfarrkirche Meiningen teilte der damalige Pfarrer und spätere Würzburger Domkapitular K.J. Meisenzahl dem Verfasser am 10.8.1948 brieflich mit.
49 E. Kraus a.a.O. 29: Reger an Renner: „Ich muß notwendig mit Ihnen über Ihre Messe sprechen." Da an anderer Stelle des Briefes als Tonart d-moll genannt ist, dürfte „Missa solemnis ad quatuor voces inaequales organo comitante", op. 30. Regensburg o. J. (Partitur 24 Seiten) gemeint sein, die Renner später instrumentierte.
50 Missa pro defunctis für 4st. gem. Chor, 2 Klarinetten in B, 2 Hörner in F, Tuba, Streichorchester, Orgel c-moll, op. 50, Regensburg o. J. (Partitur 20 Seiten)
51 Briefliche Mitteilung von Pfarrer Meisenzahl
52 Die bisher unveröffentlichte Disposition der 1. Orgel von St. Josef Weiden wird nach der Orgelakte im Pfarrarchiv St. Josef Weiden zitiert. Für freundliche Genehmigung ist dem Pfarramt zu danken.
53 E. Reger a.a.O. 39
54 A. Lindner erzählte Walther Kunze von dem privaten Orgelkonzert und dem Spiel des B-a-c-h-Werkes (W. Kunze, Beim Regerbiographen Adalbert Lindner, Zeitschrift für Musik, 100. Jg. [Regensburg 1933], 231).
55 Brief an A.W. Gottschalg vom 17.2.1900 (Briefe eines deutschen Meisters a.a.O. 69)
56 Brief vom 26.2.1903 an das Ev. Pfarramt Weiden/Opf. (Original im dortigen Pfarrarchiv). Über sein einstiges Können als Organist urteilte Reger am 27.2.1914 in einem Brief an Herzog Georg II.: „Ich habe vor 20 Jahren wirklich sehr gut gespielt; allein jetzt ist meine Pedaltechnik so sehr „eingerostet", daß ich mich öffentlich nicht mehr hören lassen kann." (Briefe an Herzog Georg II. a.a.O. 570)
57 Günther Stange, Die geistesgeschichtlichen und religiösen Grundlagen im kirchenmusikalischen Schaffen Max Regers (ungedr. theol. Diss. Leipzig 1966, 188)

58 Brief an K. Straube vom 7.5.1901, mitgeteilt in F. Stein: Max Reger und Karl Straube (in „Karl Straube zu seinem 70. Geburtstag"), Leipzig 1943, 62
59 Mehrere Briefe Regers an Straube aus den Jahren 1905/06 (besonders vom 6. und 10.9.1906) a.a.O. 65 ff
60 Regensburg 1955, 289 ff
61 Am 4.10.1891, Original im Stadtarchiv Weiden (in „Briefe eines deutschen Meisters" a.a.O. 29 gekürzt).
62 Briefwechsel von Joh. Brahms, hrsg. von W. Altmann, Berlin 1908, 10
63 Zu schweigen von radikalen Kürzungen wie in der „Jägermesse", den Kurzmessen „a la veneziana" (ohne Sanctus und Agnus Dei) und manchen „Missae rurales" des 18./19. Jahrhunderts.
64 Wie im nicht erhaltenen Jugendwerk strich er den Halbvers 7b.
65 Vom 16.8.1901, Briefe eines deutschen Meisters a.a.O. 91
66 Leiturgia IV, Kassel 1954, 165
67 a.a.O. 71 f
68 O. Schreiber, Unbekannte geistliche Reger-Chöre, Mitteilungen des Max-Reger-Instituts Heft 5, Bonn 1957, 8 ff
69 Bei fremdsprachigen Texten erbat sich Reger eine Wort für Wort erläuternde Übersetzung.
70 a.a.O. 166 ff
71 Süddeutsche Zeitung vom 30.6.1973
72 Regensburg 1900
73 Musica sacra 33. Jg. (Regensburg 1900), 130
74 Neudruck in GA Bd. 27, 72 f
75 Briefe eines deutschen Meisters a.a.O. 84
76 Vom 4.12.1901, Original im Stadtarchiv Weiden
77 Jg. 1902, Nr. 10 (vgl. Brief Regers an C.F.W. Siegel vom 19.11.1902, Briefe eines deutschen Meisters a.a.O. 107)
78 35. Jg. (Regensburg 1902), 55 f und 64
79 Original im Stadtarchiv Weiden
80 Fliegende Blätter für kath. Kirchenmusik, 41. Jg. (Regensburg 1906), 43*. Wie launisch die „Hüter" des Cäcilienvereins-Kataloges bisweilen verfuhren, mag die Tatsache erläutern, daß die F.X. Haberl gewidmete „Missa choralis" von Franz Liszt zunächst positiv bewertet und als Nr. 72 in den Vereinskatalog aufgenommen, 1890 jedoch daraus entfernt wurde (Joh. Maier, Kirchenmusik und Kirchenlied im Bistum Regensburg a.a.O. 199).
81 35. Jg. (Regensburg 1902), 111
82 38. Jg. (Regensburg 1905), 120
83 a.a.O. 123. In „Fliegende Blätter für kath. Kirchenmusik", 40. Jg. (Regensburg 1905), 55, wird aus Presseberichten über Reger-Aufführungen in Leipzig referiert. Darin heißt u. a.: „Welches ist nun gewöhnlich das Urteil über Reger? — Ein absprechendes. Er schreibt in x-Dur. Man verstehe ihn durchaus nicht. Schwerfaßliche Melodien, wenn man bei ihm überhaupt von Melodien noch reden könne". — So dürfte O. Ursprungs

Urteil nicht übertrieben sein: „...der Meister selbst wartete sehnsüchtig auf einen Anruf aus dem kirchenmusikalischen Lager, namentlich aus der ihm landsmannschaftlich so nahestehenden Regensburger Zentrale. Aber ihm und seiner Orgelkunst brachte man übertriebenes Mißtrauen entgegen." (Die kath. Kirchenmusik a.a.O. 292)

84 Briefwechsel mit Herzog Georg II. passim
85 Musik des Ostens 6, Kassel 1971, 17 f
86 Leipzig, Jg. 1899
87 Reger an Emil Krause am 23.5.1900, Briefe zwischen der Arbeit (Neue Folge), Bonn 1973, 24.
88 Neben der „Monatschrift für Gottesdienst und kirchliche Kunst" sind zu nennen: „Blätter für Haus- und Kirchenmusik", „Urania", „Die Orgel", „Siona". Die Berichte in „Siona" Jg. 1901 (35, 53, 214), Jg. 1902 (143, 207), Jg. 1903 (15, 96), Jg. 1904 (193, 235), Jg. 1906 (33), Jg. 1908 (132, 168), Jg. 1912 (32, 174) erweisen, daß kritisch, doch wohlwollend rezensiert werden kann.
89 Vgl. A. Lindner a.a.O. ³1937, 300
90 Für das Fest der Martyrer Johannes und Paulus (26. Juni): Es handelt sich nicht um einen Graduale-Text, wie Lindner a.a.O. 300 meint.
91 Nr. 5 in „Sieben geistliche Volkslieder für gemischten Chor", Leipzig und München 1900
92 „100. Psalm" und „Die Nonnen" zitierte Reger wiederholt als Belege, daß er „katholisch bis in die Fingerspitzen" sei. Im Psalm wies er auf die Stelle „Erkennet, daß der Herr Gott ist" hin; in der Boelitz-Kantate lassen sich kirchentonale Formulierung des Nonnengesangs und aufwärts transponierte Wiederholung dieses Teiles als Reflexe kath. Kirchenmusik-Tradition deuten.
93 Auch der u.a. am 23.10.1910 nach einem Heidelberger Konzert und in einem Brief vom 9.12.1913 an Fritz Busch (Briefe eines deutschen Meisters a.a.O. 272) geäußerte Plan, Messe- und *Te Deum*-Text zu vertonen, darf in diesem Zusammenhang genannt werden.
94 Gedruckt 1927 als Faksimile-Ausgabe durch die Max-Reger-Gesellschaft
95 G. Stange (a.a.O. 217 f) möchte auch „Maria am Rosenstrauch", op. 142,3 einbeziehen, „das mit impressionistischer Tonmalerei von der geheimnisvollen Stimmung der Heiligen Nacht kündet... Im Unterbewußtsein behielt Reger das Erbgut seiner katholisch-frommen Mutter, das in den einfachen Weihnachtsweisen deutlich zu Tage tritt".
96 F. Böser rühmt Regers Orgelstücke über Choralthemen als „Symbol der Meiningenschen subjektiven Durchdringung und Beseelung der objektiv gegebenen, aus der Vergangenheit überkommenen Formen durch liebevolles, betendes und künstlerisch-schaffendes Versenken" (a.a.O. 172).
97 Als einziges der in op. 135a bearbeiteten Kirchenlieder war „Großer Gott wir loben dich" im Sachsen-Meiningenschen Gesangbuch nicht enthalten.
98 Über den 2. Vers der Choralfantasie „Wachet auf, ruft uns die Stimme", op. 52,2, berichtete K. Straube am 28.6.1944: „Die Worte ‚und feiern mit

das Abendmahl' hat Max Reger beim Schaffen des Werkes in der Tiefe seiner Persönlichkeit erfaßt. Als Katholik war ihm die ‚Communio' das größte Mysterium, und von diesem Fühlen aus gab er der Stelle jene keusche Innigkeit, um damit die völlige Auflösung des Individuums in der Gemeinschaft mit Christus in mystischen Klängen zu verklären. Das sind die Gedanken, die Max Reger mir über den Sinn dieser Variation mit ihrem Ausklang bis zur Fuge geäußert hat." (Briefe eines Thomaskantors, Stuttgart 1952, 235)

99 R. Huesgen a.a.O. 4
100 Joseph Haas am 18.1.1947 an den Verfasser
101 J. Kreitmaier, ,,Max Reger, das Finale seines Lebens" (in ,,Dominanten, Streifzüge ins Reich der Ton- und Spielkunst"), Freiburg 1924, 147 f
102 a.a.O. 243 und 246

WOLF-EBERHARD VON LEWINSKI

Max Reger 1973 — Gedanken zum Reger-Symposion in Nürnberg

„Es ist nicht zu leugnen: es gibt noch Musikinstitute — auch staatliche —, bei denen die Musik mit Schumann, Brahms überhaupt ein Ende hat; man kann in dieser Beziehung sich im Laufe der Zeit eine köstliche Sammlung von Aussprüchen ‚bewährter' Lehrkräfte an solchen Instituten zulegen, eine Sammlung von Urteilen über die ‚moderne' Musik, daß man oft in Gefahr kommen könnte, ernstlichen Zweifel in die Intelligenz dieser Herren setzen zu müssen, wenn man nicht genauer wüßte, daß da lediglich fette Bequemlichkeit, Denkfaulheit, Neid, Verbitterung ob erlittener Mißerfolge, Altersschwäche die Triebfeder solch ‚modernfeindlicher', damit aber auch kulturwidriger Denkungsart über uns Moderne seien. — Jede Musik ist mir höchst willkommen, wenn sie eben Musik ist. Was aber ist Musik? Bekanntlich hat der Schah von Persien darüber eine andere Ansicht als wir Abendländer und haben zu allen Zeiten die reaktionären Musiker darüber anders gedacht als jene, die vorwärts streben. Und schließlich herrscht selbst in Kreisen, die dem Drang nach vorwärts sympathisch gegenüberstehen, die sogar selbst ‚mitstreben', ein ganz anderer Begriff von dem, was Musik ist — je nach der betreffenden Klique. Obwohl das auch heutzutage so üppig blühende Kliquenwesen jeder Existenzberechtigung entbehrt, ja direkt schädlich für den Fortschritt der Musik ist, da die ‚Klique' ohne Zweifel das ‚Mistbeet der Mittelmäßigkeit' ist und stets sein wird. Und trotz meiner wohl allgemein bekannten, ‚unbeschränkten', grenzenlosen Verehrung und Bewunderung für alle unsere alten großen Meister ohne Ausnahme, kann ich nur meiner vollen Überzeugung und Erkenntnis nach sagen: ‚Ich reite unentwegt nach links, ich marschiere auf ‚linkster Seite'."

Es handelt sich bei diesen Zitaten ausnahmslos um Worte Max Regers, nicht etwa von einem Kritiker oder Komponisten unserer Tage. Im Gegenteil, linke Kritiker meinen, Reger als zwar handwerklich sauberen, aber kleinbürgerlichen Komponisten, ja als Spießer der super-wilhelminischen Zeit abstempeln zu müssen. Wenn wir das, was in diesem Jubeljahre zum Fall Reger gesagt wurde, mit dem vergleichen, was vor fünfzig Jahren in zahlreichen Worten und Schriften zutage trat, dann müssen wir feststellen, daß sich im Prinzip nichts Entscheidendes änderte. Reger fand ein recht hartnäckiges Unverständnis von Seiten seiner Zeitgenossen — und das mit Werken, die dann besonders beliebt wurden, wenngleich dieser Terminus, recht relativ zu werten wäre. Im Jahre 1923 avancierte Reger zu einem mit äußeren Ehren überhäuften Musiker, nachdem schon sein mitten in die Kriegszeit gefallener Todestag weithin als ein Trauertag empfunden worden war, wie Alfred Einstein notierte, der ferner feststellte, daß die Wellenbewegung im Anerkennen und Ablehnen Regers mit Sicherheit weitergehen dürfte und die Schwierigkeiten, Reger sich zu erobern, weniger in seiner Richtung als in der Eigenart seiner Tonsprache zu suchen seien.

So kommt es zu einem geradezu grotesken Zustand der Reger-Betrachtung bis auf diesen heutigen Tag hin: die modernen Musiker der zwanziger Jahre lehnten Reger im Zuge einer allgemeinen Absage an die Romantik pauschal mit ab, auch die neue Bach-Aneignung, etwa eines Helmut Walcha, verdammte Reger — der endgültig zwischen den Stilstühlen hing. Heute sieht die junge Generation in einer Neuhinwendung zur Romantik in Reger auf der einen Seite ein bislang verkanntes Reservoire, auf der anderen Seite einen Angehörigen einer uninteressant gewordenen Bürgerschicht. Aber fachlich sieht es so aus, als ob just die moderne Musik, die zunächst in einen so heftigen Widerspruch zu Regers Werk geriet, nun den wahren Zugang oder die beste Möglichkeit, sich seiner Musik zu nähern, sie gerecht zu beurteilen, erst eröffnet. Paradox, vielleicht, aber doch nicht unlogisch, da die moderne Musik auch eine gewisse Zeit benötigte, um sich zu konsolidieren — im Hinblick auf die Adaptation durch den Hörer.

Und nun, da die Perspektiven durch die moderne Musik klarer geworden sind, können wir Reger in seinen vorausweisenden Emanationen erfahren, seine Bindung zurück zu Bach nicht als restaurativ ansehen, sondern als eine Möglichkeit, die Brücke zur neuen Musik mitzubauen. Erinnern wir uns in diesem Zusammenhang daran, daß Reger ostentativ, wie er selbst schrieb, aus dem Vorstand der Bachgesellschaft austrat, weil „ich mit den da herrschenden Ansichten nicht sympathisieren kann und weil mir da die evangelische Geistlichkeit viel zu sehr Bach als ‚Hauskomponisten' mit Beschlag belegt hat. Bach war sicherlich ein tiefgläubiger Christ, aber nie ein devoter Diener in dem Sinn, wie ihn die Geistlichkeit jetzt für sich haben will. Bach war nach meiner Ansicht ein Mensch mit Fleisch und Blut, voller Lebenssaft und Kraft, und kein kalter Formalist. Man kann Bach so unmenschlich langweilig und vermeintlich stilgerecht spielen, daß man das Grausen kriegen kann".

Wenn die modernste Musik nun eine Wendung zur Romantik mit ihren Mitteln demonstriert, dann wird freilich die Sache Reger wiederum kompliziert; denn in dem Moment, in dem wir endlich Reger aus der Klammerung an die Romantik — und in diesem Zusammenhang auch aus der zu engen, deshalb historisch nicht wertlosen, nur heute zu korrigierenden Straubianerei — befreit wissen, entsteht die Gefahr, daß jüngere Interpreten ihn erneut betont romantisch deuten.

Aber die Problematik der Musik Regers liegt vermutlich in dem in sich zwiespältigen Werk begründet — analog zu dem Gustav Mahlers, mit dem Regers innere Verwandtschaft aufweist, die noch nicht genügend geklärt ist. Von hierher wäre wirklich zu fragen, ob Reger wie Mahler versucht hat, die Überzeugung, nicht mehr nach herkömmlichen Begriffen komponieren zu können, zum Thema einer neuschöpferischen Komposition zu machen.

Ein Blick von Franz Liszt her und von György Ligeti zurück führt zumindest in der Orgelmusik direkt zu Reger als Nahtstelle einer einhundertjährigen Entwicklung eines neuen Komponierens. Auch zeitlich steht Reger also in der Mitte. So haben wir Reger abseits von Historismus und Zeitbindung neu hören zu lernen. Und in diesem Zusammenhang legte das Nürnberger Symposion die weiteren Fragen nahe, die jenen Januskopf Reger eben nicht einseitig erkennen lassen. Wie stand Reger zwischen Auftrag von Straube und Korrekturen, die Straube vornahm, wie weit muß Reger gegen Straube oder nur die Straubejünger verteidigt werden, damit sein vorwärts gerichteter Teil des Januskopfes zur Geltung gelangt? Und hat Reger nicht Bach dadurch die Treue gehalten, daß er mit der tradierten Art, Bach zu begreifen, brach, um dem Geist Bachs entsprechen zu können?

Und bedingt die Kompositionseigenart Regers nicht einen Janus-Stil — mit oder zwischen der mosaikartigen Flächigkeit, der punktuellen Aufsplitterung, dem gestischen Habitus, der Monumentalität aus Behauptungszwang, der Klang-Mehr-Räumigkeit und der Linearität? Entsprechend doppelgesichtig bliebe die Vorstellung einer tonalen Nicht-Tonalität beziehungsweise einer nichttonalen Tonalität bei Reger zu verstehen, ferner der Gegensatz von typischer Langweiligkeit und fast aggressiver, wenigstens kühner Erregung. Und gehört nicht auch Regers Doppelgleisigkeit zwischen angeborenem Katholizismus und der Neigung zum Protestantismus — mag sie auch eine Art Kirchenmusiker-Pragmatik sein — zum erwähnten Janusgesicht?

Haben wir es nicht auch mit einem fruchtbaren Widerspruch zu tun zwischen der Tatsache eines Reger-Orgelstils und der Feststellung, daß es keine Reger-Orgel gibt? Müssen wir seine gesellschaftliche Position nicht auch in der Zweischneidigkeit eines an Auftraggeber gebundenen und damit oft am Alten haftenden Menschen und der Fähigkeit, revolutionär zu denken, sehen lernen?

Reger wird — als Januskopf — gleichzeitig immer interessant, vieldeutbar und problematisch bleiben, also abwechselnd über- und unterbewertet. Reger muß aber, das bewies die Nürnberger Symposion-Woche entschiedener als bisher aus seinem Werk sui generis gesehen werden, nicht bindungslos, aber auch nicht nur tradiert, frei von der bei Reger besonders festgefressenen Konvention, ihn zu verstehen. Die Komposition selbst sollte befragt werden. Die also notwendige, eigenartig spät einsetzende, von dem Nürnberger Symposion vielleicht mitentscheidend signalisierte Neuaneignung enthält die Chance einer ideologiefreien Bewertung, wenn man nicht in ein neues Extrem oder andere Einseitigkeiten verfällt, wenn man scheuklappenfreie, mit alter und neuer Musik vertraute, also nicht eingeengte Interpreten mit Analyseblick befragt — mit jenem Blick, der den Januskopf nicht leugnet, sondern nachschöpferisch bewußt neu auswertet.

Dabei müssen wir wissen, daß ein Janusgesicht nicht festzulegen ist, daß man immer verführt wird, nur eine Seite zu sehen und diese automatisch zu prononcieren, bis der Kopf sich dreht oder gedreht wird, Reger also wieder eine neue Betrachtungsweise provoziert. Man kann darin einschränkende Negativa sehen, genausogut aber auch eine positive Chance einer Erkenntnis, die jeweils die beiden Gesichter genauer prüft und vorstellt. In diesem Sinne war das Nürnberger Symposion tatsächlich ein ernster wie ernstzunehmender Schritt zur Vertiefung der Kenntnisse durch Neuaneignung aus dem unverstellten Werk heraus und stieß sogar Tore zu neuen Beziehungen auf, die wir mit dem Werk eingehen können und sollen, damit von der analytischen wie der interpretatorischen Seite her Reger gültiger gespiegelt werden kann als bisher.

Wenn wir diesen 100. Geburtstag nicht gefeiert hätten, würden mehr Menschen als jetzt in Reger noch immer den kleinen, dicklichen, bayerischen Organisten mit der kruden Phantasie im spätromantischen Nachklang sehen. Mit dem, was wir nun in Nürnberg erfuhren, haben wir erkannt, daß Reger eben nicht nur kontrapunktisch verklausuliert oder chromatisch überladen geschrieben hat, sondern die Musik wegweisend von der Tonalität zu befreien suchte. So können wir legitim und fundiert fortfahren, Adornos Wunsch zu erfüllen, das Gesamtwerk neu zu durchdenken — zwischen dem von Pierre Boulez genannten „style flamboyant" und der von Max Brod erwähnten „gottergriffenen Innigkeit". Wenn wir diese Ansätze zum Neudurchdenken, wie sie in Nürnberg 1973 zutage traten, in diesem Sinne eines Zusammenschauens des Janusgesichtes Regers aufgreifen und weiterführen, dann hat Reger vielleicht doch nicht umsonst — für die Nachwelt umsonst — komponiert.

Die Autoren

BLANKENBURG, WALTER

1903 in Emleben bei Gotha geboren. Studium der Theologie, Musikwissenschaft und Geschichte. Promotion „Die innere Einheit von Bachs Werk" (1940, Göttingen). Tätig im höheren Schuldienst und als Pfarrer. 1947—1968 Direktor der Evangelischen Kirchenmusikschule Schlüchtern, Landeskirchenmusikdirektor, seit 1941 Schriftleiter und Mitherausgeber von „Musik und Kirche". Zahlreiche Veröffentlichungen. 1962 D. theol. h. c. (Marburg). 1966 Ernennung zum Kirchenrat.

BRINKMANN, REINHOLD

1934 in Wildeshausen geboren. Studium (Schulmusik, Germanistik, Philosophie, Musikwissenschaft) in Hamburg und Freiburg i. Br.; Staatsexamen 1962, Promotion Freiburg i. Br. 1967; Wissenschaftlicher Assistent an der FU Berlin, 1970 Habilitation, 1971 Professor für Musikwissenschaft an der FU Berlin, seit 1972 an der Universität Marburg. Zahlreiche Veröffentlichungen. Mitarbeit an der Schönberg-Gesamtausgabe und am Riemann-Musiklexikon.

VON LEWINSKI, WOLF-EBERHARD

1927 in Berlin geboren. Ausgebildet als Dirigent in Dresden (u. a. bei H. Abendroth und J. Keilberth). Kritiker in Dresden, Berlin und, seit 1951, in Darmstadt und Mainz. Redaktionsmitglied der „Deutschen Zeitung". Mitarbeiter bei Funk und Fernsehen, in verschiedenen Tageszeitungen („Süddeutsche Zeitung", früher „Die Welt") und Fachorganen. Bücher über A. Rubinstein, A. Foldes, D. Fischer-Dieskau, A. Rothenberger, L. Hoelscher; Essayband „Musik wieder gefragt".

RÖHRING, KLAUS

1941 in Ansbach geboren. Theologiestudium in Erlangen und Berlin. Vikar in Nürnberg. 1968—1972 theologischer Referent an der Evangelischen Akademie Tutzing (Forum für junge Erwachsene und Akademisches Symposion). Seit 1972 Pfarrer in München. Verschiedene musikphilosophische Aufsätze, besonders zu Problemen der neuen Musik. Derzeit Arbeit an einem Buch „Neue Musik in der Welt des Christentums".

SIEVERS, GERD

1915 in Hamburg geboren. Studium (Musikwissenschaft, Anglistik, Philosophie) in Königsberg und Hamburg. Promotion (Dissertation: Die Grundlagen Hugo Riemanns bei Max Reger) 1949 in Hamburg. 1950—1954 am Musikwissenschaftlichen Institut der Universität Hamburg. Seit 1954 Lektor im Verlag Breitkopf & Härtel, Wiesbaden. Diverse musikwissenschaftliche Veröffentlichungen.

STOCKMEIER, WOLFGANG

1931 in Essen geboren. Studium in Essen und Köln. 1957 Promotion (Dissertation: Die deutsche Orgelsonate der Gegenwart). 1960 Berufung an die Musikhochschule Köln. 1962 Ernennung zum Professor, Leiter des Instituts für evangelische Kirchenmusik. Daneben Dozent an der Landeskirchenmusikhochschule Herford. Organist an verschiedenen Kirchengemeinden. Konzertreisen, Rundfunk- und Schallplattenaufnahmen. Mehrere Kompositionen.

WALCKER-MAYER, WERNER

1923 in Ludwigsburg geboren. Orgelbaulehre in Frankfurt/Oder. 1947 Meisterprüfung im Orgelbauhandwerk. Seit 1948 Leiter der Firma Walcker, Ludwigsburg. Unter seiner Leitung wurden nahezu 3000 Orgeln gebaut.

WALTER, RUDOLF

1918 als Kantorensohn in Schlesien geboren. Universitäts- und Musikstudium in Breslau, Straßburg, Mainz, Berlin, Paris. 1949 in Mainz Promotion über Max Reger. Organist und Chorleiter in Breslau, Weiden, Bad Kissingen, Heidelberg. Dozent am Hochschulinstitut Mainz. Zur Zeit Professor an der Universität Mainz, ordentlicher Professor und Abteilungsleiter für Kirchenmusik an der Musikhochschule Stuttgart.

WIRTH, HELMUT

1912 in Kiel geboren. Studium Musikwissenschaft, Komposition, Philosophie. Promotion 1937 (Dissertation: Joseph Haydn als Dramatiker). Seit 1936 Mitarbeiter des Rundfunks, zur Zeit Redakteur beim NDR Hamburg. Publikationen über Haydn, Reger. Tätigkeit als Dozent, Mitglied des Kuratoriums der Elsa-Reger-Stiftung (Max-Reger-Institut), Bonn-Bad Godesberg.

Veröffentlichungen des Max-Reger-Instituts (Elsa-Reger-Stiftung) Bonn

Erste Reihe: Literarische Veröffentlichungen
Verlag Ferdinand Dümmler, Bonn

1. Heft: Zwei Reden
   Joseph Haas: Max Reger
   Hans Mersmann: Reger und seine Zeit · Bonn 1949 (vergriffen)
2. Heft: Festschrift für Elsa Reger anläßlich ihres 80. Geburtstages am 25. Oktober 1950 / Erinnerungen und Beiträge persönlicher Reger-Freunde · Bonn 1950 (vergriffen)
3. Heft: Max Reger: Briefe zwischen der Arbeit, herausgegeben von Ottmar Schreiber · Bonn 1956 (vergriffen)
4. Heft: Max Reger zum 50. Todestag am 11. Mai 1966. Eine Gedenkschrift, herausgegeben von Ottmar Schreiber und Gerd Sievers · Bonn 1966
5. Heft: Helmut Rösner: Max-Reger-Bibliographie · Bonn 1968
6. Heft: Max Reger: Briefe zwischen der Arbeit, herausgegeben von Ottmar Schreiber / Neue Folge · Bonn 1973

Verlag Breitkopf & Härtel, Wiesbaden, 1954 ff
Mitteilungen des Max-Reger-Instituts, Bonn, herausgegeben von Ottmar Schreiber (bis 1973 inkl. 19 Hefte)

Zweite Reihe: Musikalische Veröffentlichungen
Verlag Breitkopf & Härtel, Wiesbaden

1. Max Reger: Vater unser, a cappella 12stimmig in drei Chören. Nachgelassenes unvollendetes Werk (1909), ergänzt von Karl Hasse, herausgegeben von Fritz Stein · Wiesbaden 1957
2. Max Reger: Zwanzig Responsorien für gemischten Chor a cappella. Aus dem Englischen übersetzt und in fünf Heften herausgegeben von Ottmar Schreiber · Wiesbaden 1966
3. Max Reger: Trio a-moll für Violine, Viola und Violoncello, op. 77b. Faksimile-Druck der Partitur · Wiesbaden 1973